AF300043

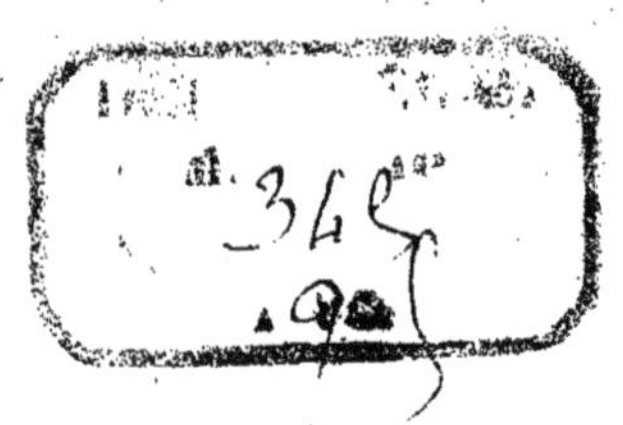

LA

Protection de la liberté individuelle

DANS LA LOI DU 30 JUIN 1838

SUR LES ALIÉNÉS

PAR

Henri DELAFARGE

DOCTEUR EN DROIT

LIBRAIRIE

De la Société du Recueil J.-B. Sirey, & du Journal du Palais

Ancienne Maison L. LAROSE & FORCEL

22, Rue Soufflot, PARIS, V⁰ Arr^t.

L. LAROSE & L. TENIN DIRECTEURS

1905

LA

Protection de la liberté individuelle

DANS LA LOI DU 30 JUIN 1838

SUR LES ALIÉNÉS

PAR

Henri DELAFARGE

DOCTEUR EN DROIT

LIBRAIRIE

De la Société du Recueil J.-B. Sirey, & du Journal du Palais

Ancienne Maison L. LAROSE & FORCEL

22, Rue Soufflot, PARIS, Vᵉ Arrᵗ.

L. LAROSE & L. TENIN DIRECTEURS

1905

LA

PROTECTION DE LA LIBERTÉ INDIVIDUELLE

dans la loi du 30 juin 1838

SUR LES ALIÉNÉS

LA QUESTION

Une législation sur les aliénés, touchant aux matières les plus diverses du droit public et du droit privé, soulevant les questions les plus complexes de droit public général, de droit administratif, de droit pénal et de droit civil, est, par cela même, œuvre longue et ardue. Œuvre délicate aussi quand on songe aux intérêts multiples que la question de la folie met en jeu, intérêts également graves, également respectables, qui se heurtent et qui s'excluent, et dont aucun pourtant ne doit être sacrifié aux autres. Assurer la sécurité de la société menacée, garantir la liberté individuelle contre toute atteinte arbitraire, accorder enfin le respect dû au premier des droits de la personne humaine avec le devoir social, humain, de soigner et de guérir, en un mot, concilier l'inconciliable, telle semble bien devoir être ici la tâche du législateur.

Nos Parlements, après quarante années d'efforts laborieux et patients, recherchent encore une formule définitive. Il semble pourtant que les temps soient révolus et qu'on soit enfin près d'aboutir, ainsi que M. P.-F. Girard en exprimait l'espérance, en 1883. Des hommes de bonne volonté, des hommes de science sont venus apporter leur pierre à l'édifice. En sorte qu'on a parfois quelque peine à retrouver son chemin dans cet entassement de matériaux... et de décombres. Sur ce sujet si riche, si varié d'aspects, tant d'auteurs déjà ont écrit, tant de commissions parlementaires et extra-parlementaires, tant de sociétés de jurisconsultes, de savants et de philanthropes ont été appelées à délibérer qu'il ne peut entrer dans notre pensée d'entreprendre seul une étude critique d'ensemble. On a voulu étudier ici plus particulièrement les mesures prises par notre législation sur les aliénés pour assurer la sauvegarde de la liberté individuelle, pour prévenir ou pour réprimer les actes de séquestration arbitraire. Et là encore, sur cette question ainsi limitée, nous venons après beaucoup d'autres.

Déjà l'on pourrait prétendre que l'internement même justifié porte une atteinte grave à la liberté individuelle. Quoi qu'en ait dit Vivien, il s'agit ici de quelque chose de plus qu'un « intérêt théorique »; toute mainmise sur la personne d'un citoyen, autrement qu'en vertu d'une décision de justice, ne constitue-t-elle pas, dans un sens large, selon les principes de notre droit public, une mesure arbitraire? Et c'est ainsi, pourrait-on dire, que, sous le régime de la loi de 1838, tout internement est arbitraire. Néanmoins trop d'intérêts légitiment l'internement de l'aliéné dans l'asile pour que nous songions à en méconnaître l'utilité incontestable et, dans certains cas même, l'absolue nécessité. C'est pourquoi nous n'entendrons ici par internement arbitraire, par séquestration arbitraire, que le placement ou le maintien dans l'asile d'un individu sain d'esprit, guéri, ou dont l'état mental ne rend pas ou ne rend plus nécessaire l'internement.

Entendus ainsi, les internements arbitraires sont assurément plus rares que ne l'a répété la presse depuis cinquante ans et que ne l'a cru chez nous une opinion publique trop facilement impressionnable (1). Ils sont sans doute aussi plus fréquents que,

---

1. Lors de la grande enquête parlementaire anglaise de 1877, la Commission, après avoir entendu 60 personnes et posé 11.645 questions, déclare solennellement qu « aucun cas de placement illégal, d'appli-

d'une façon générale, le monde médical n'est porté, de bonne foi, à le penser. Il y a peut-être place pour la vérité entre ces deux tendances contraires. L'origine de ce conflit périodiquement renaissant est facile à découvrir : d'une part, le public, qui ne se représente le plus souvent la folie qu'à travers des visions de mélodrame fort éloignées de la réalité (1), prétend résoudre avec son bon sens toujours un peu

---

cation *volontairement* frauduleuse des lois relatives aux aliénés n'était parvenu à sa connaissance. » (Rapport Roussel, t. II, p. 378). Il doit sans doute en être de même en France. Mais reste l'erreur.

1. « Des hôtes d'un asile d'aliénés, bien peu présenteraient au visiteur accidentel des singularités notables d'aspect, de conduite ou de langage ; un plus grand nombre l'impressionneraient par la tristesse de leur regard et l'indifférence de leur attitude comme si toutes choses leur étaient étrangères et dans ce monde et dans l'autre ; mais d'autres au contraire ne révéleraient ni par leur regard, ni par la parole, ni par l'action, qu'ils ne sont pas comme tout le monde. Un observateur habile serait plus pénétrant, mais lui non plus ne découvrirait là ni un monde nouveau, ni une race nouvelle : il verrait l'homme changé sans doute, mais non pas transformé. Il retrouverait comme Esquirol en a fait la remarque, « les mêmes idées, les mêmes « erreurs, les mêmes passions, les mêmes infortunes : c'est le même « monde ; mais dans une semblable maison, les traits sont plus forts, « les nuances plus marquées, les couleurs plus vives, les effets plus « heurtés parce que l'homme s'y montre dans toute sa nudité, « parce qu'il ne dissimule pas sa pensée, parce qu'il ne cache pas ses « défauts, parce qu'il ne prête point à ses passions le charme qui « séduit, ni à ses vices les apparences qui trompent. » (*Des maladies mentales*, I, 1). (MAUDSLEY. *Le crime et la folie.* 7me édition. Paris, 1901).

simpliste une question essentiellement technique ;
d'autre part, le médecin n'est-il pas naturellement
enclin à montrer trop de confiance dans les résultats fragiles et incertains que peut donner une science
née d'hier, et qui relève encore, pour une part, de la
conjecture et de la divination ?

Pour que prissent fin à tout jamais les discussions
passionnées auxquelles certains internements ont
encore récemment donné lieu, il faudrait qu'il fût
possible de tracer un ligne de démarcation nette et
sûre entre la démence et la raison, et de déclarer
sains d'esprit tous ceux qui se trouvent en deçà,
fous tous ceux qui se trouvent au delà de cette ligne.
Mais il n'en va point ainsi. C'est une vérité banale
que la nature ne fait pas de sauts ; elle passe d'un
extrème à l'autre par des nuances insensibles. C'est
ainsi qu'on rencontre dans certaines affections mentales, — l'hystérie, par exemple, — une sorte de
zone mitoyenne où déjà ce n'est plus la raison et où,
ce n'est pas encore la folie. Toute affirmation dans
un sens ou dans l'autre devient alors impossible et
il est inévitable que les doutes, les perplexités, les
discussions s'élèvent chaque fois qu'on considère un
cas particulier (1).

---

1. Cf. Maudsley. *Le crime et la folie ;* Dr Paul Garnier. *L'interne-*
ment des aliénés. Paris, 1898.

Lorsque, dans l'examen du même cas, des spécialistes éminents aboutissent, — cela s'est vu, — à
des conclusions nettement contradictoires, comment
le public ne se croirait-il pas fondé à témoigner de
son inquiétude ou à conserver quelque scepticisme
en présence de la simple affirmation d'un seul médecin, et du premier venu ? Il serait étrange, au reste,
que de tous les hommes de science le médecin fût
seul infaillible, et qu'en particulier l'aliéniste fût le
plus infaillible des médecins infaillibles. Ce n'est
pas porter atteinte à sa valeur, à sa probité professionnelles ; ce n'est pas l'amoindrir que de revendi-
quer pour lui le droit à l'erreur. Et l'erreur seule
peut être ici, semble-t-il, une source assez abondante
d'internements arbitraires pour qu'il ne soit pas
nécessaire d'en chercher d'autre dans une complai-
sance criminelle ou dans la vénalité.

« Il faut tenir compte aussi, dit le Dr Thulié, de
« cette tendance fâcheuse de l'aliéniste à voir des
« affections mentales où il n'y en a souvent que
« l'ombre, et là même où cette ombre n'existe pas :
« l'habitude de diagnotisquer des maladies graves,
« incurables, mortelles même, d'après des signes
« très peu sensibles, lui fait quelquefois regarder
« comme symptômes des mouvements passionnels,
« des défauts inhérents au caractère. Combien de gens
« dans le monde, par leurs allures, leur originalité,
« leurs habitudes, courraient les plus grands dan-

« gers, s'ils se trouvaient en présence de certains
« aliénistes qui élèvent toutes les bizarreries, tous les
« caprices, toutes les faiblesses, à la hauteur de
« signes pathologiques ! Un médecin d'un grand
« talent, d'une honnèteté rare, que ses travaux scien-
« tifiques avaient toujours tenu éloigné du monde,
« ... me dit devant un officier atteint de paralysie
« générale : La maladie date de très loin; il y a cinq
« ou six ans, avant que tout autre symptôme ait
« paru, le délire ambitieux s'était manifesté par des
« excès de dépense ; M. X... avait 3.000 francs de
« dettes. » — On voit que les dettes peuvent ne
« pas conduire seulement à Clichy. Une erreur de
« diagnostic, en un mot, peut faire enfermer un
« individu dont les habitudes, le caractère, les
« défauts ou les vices auront gêné la famille (1). »

Car il convient de ne pas l'oublier : le médecin
n'est pas seul en cause. Dans l'entourage immédiat
du prétendu aliéné, sous les apparences de l'affection la plus sincère et la plus vraie, s'agitent parfois
des intérêts inavouables, d'âpres convoitises ou de
basses rancunes, tout le honteux cortège des sentiments vils qu'inspirent la haine ou la cupidité. Alors,
pour peu que l'individu examiné présente des symptômes assez équivoques pour faire illusion, malgré

---

1. Dr Henri Thulié. *La Folie et la Loi*, Paris, 1866.

lui, à son insu, le médecin ne subira-t-il pas le plus souvent l'influence de ces proches dont il ne peut soupçonner l'indignité, et sa conviction ne se modèlera-t-elle pas sur celle qu'ils font paraître ? Il est permis de penser que, dans des circonstances semblables, des cas de séquestration arbitraire ont pu parfois se produire.

Au reste, peu importerait qu'en fait il n'y eût jamais eu d'abus. Il suffirait qu'ils fussent possibles ; il suffirait même qu'on pût les supposer possibles pour que l'opinion fût fondée à réclamer du législateur des garanties nouvelles.

C'est là certainement un des motifs qui ont déterminé la plupart des législations d'Europe et d'Amérique à se rajeunir sur ce point (1). Voilà pourquoi chez nous, en particulier, la loi du 30 juin 1838, malgré ses incontestables mérites, a été tant critiquée, bien souvent, il est vrai, avec plus de violence que de justice ; voilà pourquoi depuis 1867 on travaille à l'améliorer.

C'est à cette époque, en effet, à la suite de pétitions présentées au Sénat de l'Empire concernant de prétendues séquestrations arbitraires, que, pour la

---

1. Angleterre, 1870; Belgique, 1874; Turquie, 1876; Luxembourg, 1880; Pays-Bas, 1884; Canton de Genève, 1895; État de New-York, 1896; Italie, 1904.

première fois depuis sa mise en vigueur, le régime établi par la loi de 1838 rencontra des critiques dans une assemblée parlementaire. M. Suin ayant déposé un rapport qui concluait au maintien des dispositions générales de la loi, mais à l'utilité de quelques modifications de détail, et le Sénat ayant adopté les vues de son rapporteur, un décret du 12 février 1869 institua, à Paris, une commission mixte extra-parlementaire pour étudier les améliorations à apporter à la législation des aliénés, — cependant qu'une circulaire ministérielle du 20 février prescrivait une enquête administrative auprès des préfets, des directeurs et des médecins des asiles.

En même temps se poursuivait une enquête scientifique, due à l'initiative de la Société de Législation comparée, dont les résultats ont été consignés dans l'étude remarquable de M. Ernest Bertrand (1).

Ce fut là le point de départ du mouvement législatif le plus considérable peut-être qu'ait enregistré l'histoire parlementaire de ces trente-cinq dernières années.

Depuis lors, en effet, chaque législature a vu surgir une proposition nouvelle. Ce fut d'abord la proposition de MM. Gambetta et Magnin, déposée le

---

1. ERNEST BERTRAND. *Loi sur les aliénés.* (Publications de la Société de Législation comparée, Paris, 1872).

21 mars 1870 ; puis le projet rédigé par la Société de Législation comparée (1), présenté avec quelques modifications à l'Assemblée nationale par MM. Théophile Roussel, Jozon et Albert Desjardins (25 juillet 1872) (2), pris en considération le 21 mars 1873 sur un rapport sommaire de M. de Rességuier (4 décembre 1872) (3). Après la séparation de l'Assemblée nationale, une nouvelle commission extra-parlementaire, instituée par décret du 10 mars 1881, élabora un nouveau projet de loi, présenté par le gouvernement au Sénat (25 novembre 1882) (4). A la séance du 20 mai 1884, M. Théophile Roussel déposait ce rapport monumental, dont on a pu dire qu'il était une véritable encyclopédie sur la matière (5). Venu en discussion le 25 novembre 1886, le projet fut voté en deuxième lecture dans la séance du 11 mars 1887, transmis et présenté à la Chambre des députés le 24 juin de la même année (6).

Depuis lors le projet voté par le Sénat a servi de

---

1. Cf. *Bulletin de la Société de Législation comparée*, 1870, p. 215 et suiv., 231 et suiv.

2. *Journ. off.* du 22 août 1872. Annexe n° 1348, p. 5637 et suiv.

3. *Journ. off.* du 11 décembre 1872. Annexe n° 1478, p. 7699, et erratum au *Journ. off.* du 14 décembre, p. 7783.

4. *Journ. off. Docum. parlem. Sénat*, 1883. Annexe n° 37, p. 259 et suiv.

5. *Docum. parlem. Sénat*, 1884. Annexe n° 157. 2 vol.

6. *Journ. off.* Annexe à la séance du 24 juin 1887.

base à toutes les propositions de loi, qui ont été faites à la Chambre des députés et que celle-ci n'a pas encore trouvé le temps de discuter : Rapport sommaire de M. Bourneville, en fin de législature, au nom de la Commission nommée par la Chambre des députés pour examiner le projet du Sénat (1889) (1), proposition de M. Joseph Reinach (1890) et rapport présenté en 1891, sur cette proposition, par M. Ernest Lafont (2) ; propositions de MM. Reinach, Lafont et Georges Berry (1894) et nouveau rapport de M. Lafont (3) ; proposition de MM. Reinach et Lafont, rapport de M. Fernand Dubief (27 novembre 1896) (4) ; première proposition de M. Dubief et rapport du même (1898) (5) ; deuxième proposition de M. Dubief et rapport du même (1903) (6).

On n'aurait qu'une idée incomplète du mouvement d'opinion qui de toutes parts se dessine en faveur d'une réforme du régime des aliénés, si l'on s'en

---

1. *Journ. off.* Annexe à la séance du 12 juillet 1889.

2. *Journ. off.* Annexe à la séance du 3 décembre 1890 et annexe à la séance du 21 décembre 1891.

3. *Journ. off.* Annexe à la séance du 21 novembre 1893 et annexe à la séance du 19 février 1894.

4. *Journ. off. Docum. parlem. Ch.* 1896. Annexe n° 2140, p. 1514.

5. *Journ. off.* Annexe à la séance du 8 juillet 1898. *Docum. parlem. Ch.* 1898. Annexe n° 579.

6. *Journ. off.* Annexe à la séance du 12 juin 1902 et annexe à la séance du 1er avril 1903. *Docum. parlem. Ch.* Annexe n° 871, p. 422.

tenait seulement à la mention des projets dus à l'initiative parlementaire ou à celle du gouvernement.

En dehors du Parlement, le sort fait à l'aliéné dans la législation actuelle a retenu à diverses reprises l'attention des corps savants et des spécialistes. C'est ainsi que la question a fréquemment été inscrite à l'ordre du jour des séances de l'Académie de médecine et qu'elle a fait l'objet des délibérations répétées du Conseil supérieur de l'Assistance publique.

Enfin quelques sociétés privées se sont aussi à leur tour, emparé de ce sujet pour le mettre à l'étude. Mais parmi elles une place à part doit être faite à la *Société internationale pour l'étude des questions d'assistance*, et surtout à la *Société d'études législatives* (1). Depuis 1902 cette dernière société poursuit l'élaboration d'un projet d'ensemble qui a fait l'objet de trois rapports considérables de la part de MM. Larnaude, Saleilles et Le Poittevin.

---

1. Cf. *Bulletin de la Société d'études législatives*, 1904, p. 25 et suiv. ; p. 318 et suiv. ; 410 et suiv. ; — 1905, p. 105 et suiv. ; 185 et suiv. ; 260 et suiv.

LE RÉGIME DES ALIÉNÉS AVANT 1838

La loi du 30 juin 1838 a constitué un progrès considérable ; dans un certain sens, elle a même été une véritable création : La législation de l'ancien régime n'avait rien prévu ; un arbitraire à peu près complet était laissé aux officiers publics chargés de la police (1). Sans doute il existait bien dans les lois postérieures à 1789 quelques dispositions sur les aliénés, mais elles n'avaient pas pour but de régler leur condition, d'organiser la protection de leurs personnes et de leurs biens, de créer pour eux un système complet et régulier. Placées à un point de vue exclusif et étroit, elles se préoccupaient seulement de la sécurité publique qu'elles ne garantissaient même pas efficacement (2).

La loi des 16-26 mars 1790 (art. 9), qui n'est qu'une disposition temporaire relative aux personnes alors

---

1. Cf. DES ESSARTS, *Dictionnaire universel de police*, v° *folie*.

2. Exposé des motifs du 1ᵉʳ projet de la loi de 1838. *Moniteur* du 7 janvier 1837.

détenues pour cause de démence, avait principalement pour objet la mise en liberté des victimes de
lettres de cachet.

La loi des 16-24 août 1790 (titre XI, art. 3) se bor-
nait à remettre, dans une formule générale, à l'administration municipale, comme un objet de police,
le soin de remédier aux événements fâcheux qui
pourraient être « occasionnés par les insensés ou les
furieux laissés en liberté, ou les animaux malfaisants
ou féroces ». Cet article de loi, si insuffisant dans sa
brièveté, constituait cependant la seule base légale
pour les mesures à prendre à l'égard des aliénés.

La loi des 19-22 juillet 1791 (titre I, art. 15) déclarait passibles de peines de police correctionnelle
« ceux qui laisseraient divaguer des insensés ou
furieux, ou des animaux malfaisants ou féroces ».
« Elle contenait, a dit M. Suin, l'autorisation impli-
cite de lier et de charger de chaînes les aliénés, au
moment où Pinel allait ouvrir les cabanons de Bicêtre, y supprimer les chaînes, les entraves et tous les
moyens de violence. »

Le Code pénal renferme deux ordres de dispositions qui ont un rapport plus ou moins direct à cette
matière. Les unes sont des dispositions générales
relatives à la protection de la liberté individuelle.
Ainsi les articles 114 à 122 et l'article 186 répriment
les atteintes qui seraient portées à cette liberté par
des fonctionnaires publics. Les articles 341 à 343

répriment celles qui lui seraient portées par de simples particuliers. Les autres sont spéciales. Inspi-
rées par les mêmes préoccupations que les lois de
1790 et de 1791, elles traitent des aliénés au même
titre que des animaux dangereux et portent, par la
même assimilation étrange et inhumaine, des peines
de police contre « ceux qui auront laissé divaguer
des fous ou des furieux étant sous leur garde, ou
des animaux malfaisants ou féroces » (1), ou encore
contre ceux qui auront occasionné certains accidents
par l'effet de cette divagation (2).

Des ordonnances de police avaient été rendues
pour régler la pratique sur un objet aussi important (3). L'autorité administrative pouvait, en cas
d'urgence, arrêter provisoirement les aliénés et les
placer dans un « dépôt de sûreté » ; mais cette
mesure devait être essentiellement temporaire et
« l'internement définitif ne pouvait résulter que d'un
jugement déclarant la démence » (4). Mais les dispositions ainsi prises par l'administration, en présence du pouvoir vague et mal défini qui lui était
attribué, ne pouvaient qu'être, dans une certaine
mesure, arbitraires et variables. Les règles adoptées,

---

1. C. Pén. art. 475-7°.
2. C Pén. art. 479-2°.
3. Entre autres un arrêté du préfet de police, rendu en 1803.
4. Circulaire du ministre de la justice du 15 thermidor an IX.

partout défectueuses, n'étaient même pas uniformes
et variaient selon les lieux. C'est ainsi que la détention
provisoire, souvent très longue, était la plupart du
temps convertie en internement sans décision judiciaire.

Le Code civil n'avait rien changé à cet état de
choses. Il semblait n'avoir vu dans l'aliéné, suivant
la tradition, qu'un être qu'il fallait empêcher de nuire
aux autres et à lui-même, et qu'il convenait de traiter
comme un mineur. Préoccupé surtout de ses intérêts
pécuniaires, des intérêts de sa famille, il avait cherché, dans les articles 489 et suivants, à sauvegarder
ces intérêts et il n'avait pas trouvé d'autre moyen
que celui de l'interdiction. Désormais l'aliéné ne pouvait plus être *légalement* interné et mis en traitement que sur un avis du conseil de famille et consé-
cutivement à une longue procédure (1), dont il devait
attendre la fin dans une prison, dans un dépôt de
sûreté ou dans son domicile, suivant les cas.

Mais si, d'après le système du Code civil, l'interdiction pouvait être demandée pour toute personne
atteinte d'aliénation mentale, quelle que fût la forme

---

1. Le tribunal, après avoir entendu le rapport d'un juge et les conclusions du ministère public, doit prendre l'avis du conseil de famille
puis il doit interroger, en présence du procureur de la République,
la personne dont l'interdiction est demandée ; il peut enfin ordonner
une enquête.

de cette aliénation, un état *habituel* de démence était cependant nécessaire, cet état ne fût-il point continuel. Quand donc il ne s'agissait que d'un délire passager l'interdiction ne pouvait être prononcée. — De plus le droit de demander l'interdiction est réservé à certaines personnes désignées par la loi : les parents, le conjoint de l'aliéné, le procureur de la République. Ce dernier est tenu de la demander si l'aliéné met en péril la sécurité publique.

La solution donnée au problème par le Code civil amena la jurisprudence à décider que les dispositions de la loi des 16-24 août 1790 étaient annulées par l'article 510 ; et les arrêtés ou ordonnances de police permettant à l'autorité administrative de faire interner les aliénés se trouvèrent du même coup abrogés.

On voit tout de suite les inconvénients d'un pareil système : il accordait à la liberté individuelle une protection plus apparente que réelle, puisqu'il entraînait toujours une séquestration, provisoire, il est vrai, mais qui risquait néanmoins d'être fort longue ; — de plus, il sacrifiait au respect des formes régulières l'intérêt du véritable aliéné, dont la guérison, par suite d'un traitement trop tardif, pouvait être à tout jamais compromise ; — enfin, dans certains cas, — au cas de guérison survenue au cours de la procédure en interdiction, par exemple, — il devenait la cause directe de ces séquestrations arbitraires qu'il avait voulu prévenir. Pas davantage il ne prévoyait l'internement clandestin dans un asile privé échappant à la surveillance du gouvernement.

Il n'est pas étonnant dès lors qu'une législation en telle contradiction avec la nature des choses ait subi des violations incessantes et que les nécessités de l'ordre public aient souvent contraint l'administration elle-même à lui faire violence. On en trouve la preuve dans une circulaire de Portalis, ministre de l'Intérieur par intérim, en date du 30 fructidor an XII :

« J'ai remarqué dans les comptes rendus analytiques des préfets que plusieurs ont, de leur propre autorité, fait arrêter des insensés, pour être sur leur ordre « enfermés » dans des maisons de force.

« Je crois devoir, pour prévenir ces abus, vous rappeler les principes et les règles de cette matière.

« Suivant la loi du 22 juillet 1790, conforme à ce sujet aux anciens règlements, les parents des insensés doivent veiller sur eux, les empêcher de divaguer et prendre garde qu'ils ne commettent aucun désordre. L'autorité municipale, suivant la même loi, doit obvier aux inconvénients qui résulteraient de la négligence avec laquelle les particuliers rempliraient ce devoir.

« Les furieux doivent être « mis en lieu de sûreté ».

« Mais ils ne peuvent être « détenus » qu'en vertu d'un jugement que la famille doit provoquer.

« Le Code civil indique avec beaucoup de détails la manière dont on doit procéder à l'interdiction des individus tombés en état de démence ou de fureur. C'est aux tribunaux seuls qu'il confie le soin de constater cet état.

« Les lois qui ont déterminé les conséquences de cette triste infirmité ont pris soin qu'on ne pût arbitrairement supposer qu'un individu en est atteint ; elles ont voulu que sa situation fût établie par des preuves positives, avec des formes précises et rigoureuses.

« En substituant à ces procédés réguliers une décision arbitraire de l'administration, on porte atteinte à la liberté personnelle et aux droits civils de l'individu que l'on fait détenir ; on donne lieu à des tiers intéressés de soutenir, les uns que les actes faits par un homme ainsi détenu sont nuls parce qu'il est en état de démence constatée ; les autres que de tels actes sont valides, parce qu'il n'y a de démence reconnue que celle qui a été régulièrement constatée.

« L'administration n'est pas plus fondée à remettre en liberté et en possession de leur état des individus détenus comme insensés par ordre de justice ; d'abord parce qu'il ne lui appartient point de suspendre l'effet des décisions judiciaires et, de plus, parce que l'état civil des individus n'est ni mis à sa disposition ni placé sous sa surveillance... »

Ces principes furent généralement appliqués, — du moins dans les documents officiels : une instruction adressée à ce sujet le 25 juillet 1816 par le préfet de police de Paris aux commissaires de police de cette ville, et une ordonnance de police du 9 août 1828, conçue dans le même esprit, recommandent les mesures les plus attentives afin d'éviter les atteintes à la liberté individuelle et les abus sur la personne des aliénés.

Mais dans la pratique il ne semble point que les règles posées par le Code civil aient rencontré le même succès. Outre que l'interdiction ne pouvait être appliquée, dans tous les cas (1), les formes en sont lentes, coûteuses et compliquées. Cette mesure était d'ailleurs repoussée avec une égale répugnance par les familles, qui ne voulaient pas divulguer l'infirmité, trop souvent héréditaire, dont un des leurs était atteint, et par les aliénistes qui rejetaient au nom de la science le lourd appareil judiciaire de la procédure en interdiction. Aussi, en fait, les asiles, tant publics que privés, se montraient-ils extrème-

---

1. Le ministère public ne pouvait la demander d'office qu'au cas où l'aliéné était dans un état habituel de démence dangereux pour la sécurité publique.

ment faciles pour l'admission des aliénés (2). Le ministère public fermait les yeux.

Il était donc temps de se mettre à l'œuvre et de faire cesser les incertitudes et les variations de la pratique. La place était nette ; il fallait faire une législation nouvelle et, en quelque sorte, de toutes pièces.

Ça été le grand honneur du législateur de 1838 d'avoir entrepris de mener à bien cette tâche redoutable. Il a loyalement, laborieusement essayé d'éviter à la fois le danger des séquestrations illégales et celui d'une tolérance compromettante pour la sûreté des personnes, contraire à l'intérêt même des aliénés. Quoiqu'on soit amené par la suite à dire de son œuvre, il faut lui savoir gré de l'effort qu'il a tenté.

---

2. A Paris, sur 613 aliénés soignés à Bicêtre en 1837, 19 seulement étaient interdits.

LA LOI DE 1838

Le premier projet, qui comprenait seulement qua-
torze articles, fut présenté à la Chambre des députés
par M. de Gasparin, ministre de l'Intérieur, dans
la séance du 6 janvier 1837. Il contenait principalement des dispositions destinées à garantir la liberté
individuelle, à protéger la personne des aliénés contre les détentions arbitraires. L'exposé des motifs,
où se retrouvent les éléments fondamentaux du texte
définitif de la loi, écartait comme impossible dans
beaucoup de cas qui réclament une action immédiate
l'intervention préalable de l'autorité judiciaire. « Par
« la nature même des choses, y disait M. de Gaspa-
« rin, l'intervention de cette autorité ne saurait
« être préalable : elle ne peut être que de surveil-
« lance ou de protection... » Et encore : « Nous
« avons considéré que toute disposition sur les
« aliénés mettait naturellement en présence deux
« intérêts distincts : d'une part, celui de l'ordre
« public, qui peut être compromis par la divagation
« de l'insensé ; d'autre part, celui de la liberté indi-
« viduelle, qui peut être menacée par une détention

« arbitraire. L'un et l'autre de ces soins appartien-
« nent à l'autorité administrative dans l'ordre de ses
« devoirs ; mais la défense du second est spéciale-
« ment placée sous la protection de l'autorité judi-
« ciaire. » On aperçoit déjà dans quel esprit a été
conçue la loi de 1838.

Nous aurons à voir comment elle a tenté de concilier les intérêts opposés qui se trouvent en présence, plus particulièrement quelles mesures de
protection elle a prises en faveur de la liberté individuelle. Ce sera l'objet de la première partie de
cette étude.

Dans la seconde partie on indiquera les principales critiques auxquelles ces dispositions de la loi ont
donné lieu et les améliorations qu'on pourrait y
apporter.

PREMIÈRE PARTIE

GARANTIES LÉGALES CONTRE LA SÉQUESTRATION ARBITRAIRE DES PERSONNES PRÉTENDUES ATTEINTES D'ALIÉNATION MENTALE.

Des mesures protectrices édictées par la loi, les unes intéressent la personne même de l'individu qu'on veut interner ; les autres concernent ses biens. Les premières ont pour but d'éliminer, autant que faire se peut, les chances d'erreur, de prévenir et de réprimer la mauvaise foi. Les secondes visent en même temps qu'à améliorer le sort de la personne internée, à décourager la cupidité de ses proches ; et par là elles peuvent devenir un moyen indirect sans doute, mais néanmoins très efficace de protection pour la liberté individuelle.

CHAPITRE I

Mesures directement protectrices de la personne.

Section I

Réglementation des Établissements d'aliénés. Asiles publics et asiles privés. Quartiers d'hospice. Moralité, capacité, responsabilité des personnes à qui les aliénés sont confiés.

Au moment où la loi de 1838 vint en discussion il existait en France deux sortes d'établissements spéciaux pour le traitement des aliénés : les établissements publics, — en assez petit nombre (1) —, soumis à la surveillance de l'autorité, et les établissements privés (2), qui échappaient à son contrôle. — De plus, soixante-cinq hôpitaux et hospices recevaient des aliénés en même temps que d'autres malades.

La loi n'a rien changé à cette situation. Elle a con-

---

1. Il en existait huit, en 1819, trente-quatre, en 1837, sans compter Charenton, Bicêtre et la Salpêtrière.

2. On en comptait vingt-deux, non compris ceux de Paris.

sacré l'existence, à côté des asiles publics, des établissements privés, eu égard aux services que ceux-ci
avaient rendus dans le passé et qu'ils étaient appelés à rendre encore. Mais, en même temps qu'il
reconnaissait aux établissements privés l'existence
légale, le législateur a sagement pensé qu'il était de
l'intérêt public dans une matière aussi grave de ne
pas laisser une liberté entière aux particuliers et
qu'une réglementation était nécessaire. Elle est con-
tenue dans les articles 3, 5 et 6 de la loi de 1838 et
dans l'ordonnance du 18 décembre 1839 (art. 17
à 33) (1).

§ 1. — Établissements privés.

D'après ces textes aucun établissement de ce
genre ne peut être créé sans l'autorisation du gouvernement. « Le mandat donné à la personne qui
« dirige un établissement d'aliénés, disait Vivien, est
« de telle nature qu'il faut que cette personne pré-
« sente à la confiance publique des garanties propres
« à mettre en sûreté et l'intérêt général et l'intérêt
« privé (2). »

---

1. Nous n'en retenons que les dispositions qui présentent un intérêt direct pour la liberté individuelle.

2. Cf. 1er Rapport Vivien à la Chambre des députés. — *Législation
sur les aliénés et les enfants assistés.* (Publication du ministère de
'Intérieur). Paris, Berger-Levrault, 1880, 1881 et 1884. 3 vol. in-8°.

Cette autorisation était donnée par une ordonnance royale (1). Elle est personnelle à l'individu qui veut fonder l'établissement ; en sorte qu'elle doit être renouvelée au cas où il céderait son établissement à un tiers. Toute demande doit être accompagnée de la production du règlement intérieur.

L'autorisation est subordonnée aux conditions suivantes : la première qu'on exige du postulant est une moralité incontestée. Il l'établit en produisant un certificat délivré par le maire de la commune ou de chacune des communes où il aura résidé depuis trois ans. Il doit en outre être majeur, jouir de ses droits civils et être pourvu du diplôme de docteur en médecine. S'il n'est pas docteur, il doit produire l'engagement d'un médecin qui se chargera du service médical de la maison et déclarera se soumettre aux obligations imposées par les règlements à cet égard.

Il est essentiel, en effet, pour la sécurité de chacun, que l'état mental de la personne amenée dans l'établissement puisse être contrôlé et certifié par quelqu'un qui présente toutes garanties de savoir et de conscience.

L'administration a un pouvoir discrétionnaire

---

1 Elle est actuellement accordée par le préfet, en vertu du tableau A. § 37 du décret du 13 avril 1861, qui reproduit la disposition du décret du 25 mars 1852, tableau A. § 32.

pour accorder l'autorisation ; un refus de sa part ne pourrait donner lieu à un recours devant le Conseil d'État. Enfin cette autorisation n'est pas donnée, comme en Angleterre, pour un temps déterminé. Elle subsiste tant qu'elle n'est pas révoquée.

Le directeur qui contrevient aux dispositions de la loi, aux obligations qui lui ont été imposées et qu'il a souscrites, est passible des pénalités inscrites dans l'article 41 (1) ; en outre l'autorisation peut être retirée.

Le retrait de l'autorisation ne peut être effectué que par décret, le préfet n'ayant reçu des décrets de 1852 et de 1861 que le pouvoir de délivrer l'autorisation. Enfin ce retrait peut donner lieu à un recours pour incompétence ou excès de pouvoir, en vertu des principes généraux, mais il ne pourrait être basé sur l'absence d'infraction.

Quant au médecin lui-même, agréé par le préfet, il peut être révoqué par lui ; mais cette révocation ne devient définitive qu'autant qu'elle a reçu l'approbation du ministre de l'Intérieur.

§ 2. — Établissements publics.

Quant aux établissements publics, la loi dispose que chaque département est tenu d'en posséder un,

---

1. Cinq jours à un an d'emprisonnement : 50 à 3.000 fr. d'amende.

ou de traiter à cet effet, soit avec un établissement privé de ce département, soit avec un établissement public ou privé d'un autre département (1). Ils ne sont pas placés seulement, sous la surveillance de l'autorité publique, ils sont aussi placés sous sa direction. Le règlement qui leur est imposé a été élaboré au ministère de l'Intérieur (2). Ils sont administrés par un directeur responsable, nommé par le ministre de l'Intérieur, sous la surveillance d'une commission gratuite de quatre membres, également nommés par le ministre, dont les fonctions sont d'ailleurs restreintes à la pure administration.

§ 3. — Quartiers d'hospices.

Les hôpitaux et hospices traitant d'autres maladies purent après la loi de 1838 continuer à recevoir des aliénés. Mais l'ordonnance de 1839 mit comme condition au maintien de cet état de choses que des quartiers spéciaux devraient leur être réservés. Ces quartiers spéciaux, faisant partie intégrante de l'hospice, échappent à l'organisation administrative des établissements d'aliénés. La Commission administrative doit seulement faire agréer un préposé respon-

---

1. Loi de 1838, art. 1.
2. Circulaire et règlement du 20 mars 1857.

sable, qui sera mis à la tête du quartier et qui doit satisfaire à toutes les conditions imposées par la loi de 1838.

Le règlement intérieur du quartier est, en outre, soumis à l'approbation du ministre de l'Intérieur.

Enfin la création d'un quartier n'est autorisée que si son organisation permet d'y recevoir et d'y traiter cinquante aliénés au moins (1).

SECTION II

De l'admission dans les établissements d'aliénés. — Des placements.

La loi de 1838 distingue deux sortes de placement dans les asiles : le placement d'office et le placement dit volontaire. Le premier est ordonné par l'autorité publique ; le second est effectué, sans cette intervention, par les familles ou même par une personne étrangère.

§ 1. — Placements d'office (2) ; — leurs formes.

Ils ont lieu lorsque l'état d'aliénation d'un individu compromet l'ordre public ou la sûreté des personnes.

---

1. Ordonnance du 18 décembre 1839 (art. 11 et 12)
2. Loi de 1838, art. 18 et suivants.

Cette formule très large embrasse tous les troubles,
tant par paroles que par actes, que l'exaltation de
l'aliéné peut causer, tous les dangers, actuels ou
éventuels, que sa divagation peut faire naître. Dans
tous ces cas le préfet peut, sans délai, sur simple
ordre motivé relatant les circonstances qui l'ont
rendu nécessaire, faire procéder à l'internement (1).
Ainsi, pour ce genre de placements, l'autorité préfectorale statue dans sa pleine liberté d'action.

Dans les cas d'extrème urgence, lorsqu'il paraît y
avoir danger immédiat à laisser plus longtemps
l'aliéné en liberté, les maires (à Paris les commissaires de police) sont autorisés à prendre les « mesures provisoires » nécessaires, à charge d'en référer
dans les vingt-quatre heures au préfet (2).

Mais quelles sont ces « mesures provisoires » que
les maires sont autorisés à prendre ? Le législateur
ne s'est pas expliqué nettement sur ce point. L'article 24 de la loi prévoit seulement l'envoi dans les
hôpitaux ou hospices et interdit la détention, même
provisoire, dans les prisons ou dans les locaux affec-
tés aux prévenus.

Une question se pose : le maire peut-il prononcer

---

1. Il va de soi qu'un aliéné dangereux, soigné à domicile, dans des
conditions telles qu'aucun danger ne soit à redouter, ne peut faire
l'objet d'un placement d'office.

2. Loi de 1838, article 19.

l'admission dans l'asile d'un aliéné dangereux ? Certains établissements lui reconnaissent ce droit et consentent à recevoir les aliénés sur sa réquisition. D'autres, plus stricts, considèrent que dans ce cas le maire outrepasse ses pouvoirs et exigent un ordre du préfet. Pour ceux-ci le maire ne peut qu'isoler l'aliéné, en attendant l'arrêté préfectoral prononçant son placement. Cette solution est peut-être plus conforme à l'esprit de la loi.

Dans tous les cas le dépôt dans les hôpitaux ou hospices doit être essentiellement temporaire et n'être effectué que s'il y a urgence absolue, lorsque par exemple, il n'est pas possible de transférer directement l'aliéné dans l'asile.

Telle est la loi ; mais ses dispositions sont violées tous les jours (1) : sous prétexte de mise en observation, le séjour dans l'hospice se prolonge parfois longtemps (2). Enfin, à Paris, presque tous les aliénés sont conduits à l'infirmerie du dépôt de la pré-

---

1. Cf. Bourneville, *Archives de Neurologie* ; Monod, *Rapport* au Congrès de médecine mentale de 1889.

2. Une enquête prescrite par le ministre de l'intérieur le 19 février 1889 a donné les résultats suivants : sur 121 aliénés en observation dans les hospices, 40 s'y trouvaient depuis moins de cinq jours, 28 depuis plus de cinq jours et moins de dix, 53 depuis dix jours ou plus et sur ces derniers, 25, soit près de la moitié, étaient à l'hospice depuis plus d'un mois.

fecture de police, — c'est-à-dire dans une prison, — avant d'être placés à l'asile (1).

Le pouvoir du préfet en matière de placement d'office s'exerce encore au cas où la sortie d'un aliéné dangereux placé « volontairement » va s'effectuer. En vertu de l'article 21, le placement volontaire peut être converti en placement d'office, en suivant les formes indiquées plus haut. Dès lors l'aliéné ne peut plus sortir qu'avec l'autorisation du préfet ou sur réquisition des tribunaux (2).

Le projet de loi portait que l'arrêté du préfet serait délivré après un rapport du maire ou du sous-préfet. C'est en fait, ce qui a lieu le plus souvent, mais cependant cette formalité n'est pas nécessaire. Vivien a obtenu sa suppression en faisant valoir que la responsabilité qui pèse sur le préfet ne permet pas d'entraver son action.

L'arrêté du préfet doit indiquer l'établissement dans lequel l'internement devra être effectué.

---

1. En 1890, sur 3.876 aliénés entrés dans les asiles 3.304 sont passés par le dépôt.

2. Il ne faut pas confondre avec les placements d'office les placements d'aliénés indigents. Opérés également par le préfet, ce ne sont à tous autres égards, que des placements de droit commun.

§ 2. — Placements volontaires (1).

Ils ne sont actuellement soumis à aucune autorisation préalable. Cette autorisation le premier projet déposé par le Gouvernement l'exigeait par crainte d'abus dans les placements. Mais Vivien la fit écarter pour des raisons qui ne sont peut-être pas si décisives qu'elles parurent l'être en 1838. Suivant le rapporteur, grâce aux formalités protectrices édictées d'autre part par la loi la liberté individuelle était suffisamment garantie et les internements arbitraires n'étaient point à redouter ; en second lieu tout retard dans l'application du traitement pouvait compromettre irréparablement la guérison du malade ; enfin, une autorisation préalable aurait eu pour effet de déplacer la responsabilité du placement. « Il semble, a dit M. Tanon, que le contraire soit plus vrai : car, loin que la responsabilité de la famille dût disparaître, elle aurait été aggravée si au fait d'une séquestration criminelle s'étaient ajoutées des manœuvres frauduleuses pour tromper l'autorité (2). »

---

1. Il n'y a aucune distinction à établir pour ces placements entre les asiles et les établissements privés : les asiles sont autorisés à recevoir des aliénés payant pension.

2. Tanon, *Étude critique de la loi de 1838 sur les aliénés*, 1868. (Revue pratique de Droit français).

Les formalités exigées par la loi (art. 8) pour l'admission du prétendu aliéné dans l'asile ont pour but de rendre impossible une séquestration arbitraire, en tout cas d'établir la responsabilité de la personne qui réclame l'internement. Elles tendent à constater : l'individualité de la personne qui requiert l'internement ; la réalité de la démence ; l'individualité de la personne qu'on veut interner.

Ces formalités se réduisent à une demande écrite, accompagnée d'un certificat de médecin et d'un passeport ou de toute autre pièce d'identité.

A). — *De la demande d'admission.* — Elle est adressée aux « chefs ou préposés responsables des établissements publics », et aux « directeurs des établissements privés » (art. 8). Elle peut être faite par le malade lui-même, — le cas est sans doute assez rare, mais pourtant il s'est vu, — par toute personne intéressée, parent, ami ou ennemi. Elle doit contenir les noms, profession, âge et domicile, tant de la personne qui la forme que de celle dont le placement est réclamé, l'indication du degré de parenté, ou, à son défaut, de la nature des relations qui existent entre elles. (1) La demande doit être écrite et signée par celui qui la forme. S'il ne sait pas écrire, elle est reçue par le maire ou par le commissaire de

---

1. Le tuteur de l'interdit doit fournir en outre à l'appui de sa demande un extrait du jugement d'interdiction.

police qui en donne acte. Il importe, en effet, qu'il reste une preuve matérielle de cette demande pour que la responsabilité de l'internement soit bien établie. Mais pour que cette prescription produise effet, il convient de s'assurer de l'identité de la personne. C'est le directeur de l'établissement d'aliénés qui, sous sa responsabilité, est chargé de cette vérification, lorsque la demande n'aura pas été reçue par le maire ou le commissaire de police (1).

B). — *Du certificat médical.* — Comme la demande d'admission est ici uniquement fondée sur l'opportunité d'un traitement, elle doit être accompagnée d'un certificat de médecin constatant l'état mental de la personne à placer, indiquant les particularités de sa maladie, affirmant la nécessité de faire traiter la personne désignée dans un établissement d'aliénés et de l'y tenir renfermée. Ce certificat doit, de plus, avoir moins de quinze jours de date au moment de la remise au chef ou directeur ; il ne peut être signé d'un médecin attaché à l'établissement ou d'un médecin parent ou allié jusqu'au deuxième degré inclusivement, soit des chefs ou propriétaires de l'établissement, soit de la personne qui fait effectuer le placement.

----

1. Le projet de loi portait que l'identité serait constatée par le maire ou le commissaire de police, qui apposeraient leur visa sur la demande. Cette disposition fut rejetée.

Tel est le droit commun. Mais l'article 8, qui le formule, y apporte aussi une exception : « Au cas d'urgence, les chefs des établissements publics pourront se dispenser d'exiger le certificat du médecin. » On remarquera que cette dérogation à la règle générale n'a lieu qu'au cas où le placement est fait dans un établissement public, l'appréciation de l'urgence étant laissée au chef de cet établissement.

On s'est demandé quelquefois si, dans ce cas, le certificat médical ne devait pas être délivré ultérieurement pour être inscrit sur le registre tenu en vertu de l'article 12. Cette opinion avait été soutenue à la Chambre des députés lors de la discussion de la loi. Mais la négative résulte de l'examen des textes : L'article 12 ne parle que du « certificat du médecin *joint à la demande d'admission.* » Au reste, de quelle utilité pourrait être ce certificat tardif lorsque le médecin de l'asile a examiné l'arrivant et que le préfet a délégué d'autres médecins avec mission de lui faire un rapport ?

C). — *Du Passeport.* — L'identité de la personne à interner est aussi indispensable à connaître que celle de la personne qui requiert l'internement. En vue de rendre impossible toute substitution de personne, la loi a voulu que la demande d'admission fût accompagnée de la production d'un passeport ou de toute autre pièce propre à justifier de l'individualité de l'interné.

Le passeport est l'acte délivré par l'autorité publique, afin de garantir le libre passage d'une personne d'un lieu dans un autre, qu'il s'agisse d'un déplacement à l'intérieur de la France, ou d'un départ pour les colonies ou pour l'étranger. Les dispositions de notre législation sur les passeports (1), sans avoir jamais été officiellement abrogées, sont tombées en désuétude, surtout celles relatives aux passeports pour l'intérieur. En sorte que, dans la plupart des cas, c'est à d'autres moyens de preuve qu'un passeport que l'on a recours en pratique pour établir l'identité du prétendu aliéné.

Quelle que soit la pièce produite, l'appréciation de sa valeur probante est laissée, sous sa responsabilité, au directeur de l'établissement.

Toutes les conditions nécessaires pour le placement étant remplies, le malade est interné dans l'asile. Mais, s'il refuse de s'y rendre, on ne peut employer la force publique pour l'y contraindre.

C'est dans une pareille conjoncture qu'on a recours en pratique à la violence privée, forme sans doute un peu déconcertante de placement « volontaire ».

---

1. Lois du 28 mars 1792, 26 février 1793 ; décrets du 10 vendémiaire an IV, 18 septembre 1807 et 11 juillet 1810.

Section III

Formalités postérieures à l'admission.

Jusqu'à ce moment les dispositions de la loi ont eu principalement pour but de hâter l'application du traitement, de hâter la séquestration. C'est bien cette idée qui paraît avoir dominé le législateur de 1838, en dépit des menues précautions que, chemin faisant, il a cru devoir prendre contre une atteinte possible à la liberté individuelle.

Les mesures qu'il eût pu prendre avant, c'est après l'internement qu'il les reporte. De là toute une série de formalités, destinées à empêcher le maintien dans les établissements de tout individu sain d'esprit. De ces formalités les unes suivent immédiatement l'entrée du malade dans l'asile ; elles ont un double objet : donner une certaine publicité à l'internement, vérifier l'état mental de la personne internée. Les autres n'ont lieu que plus tard et se rattachent au système général de surveillance établi par l'autorité publique sur les maisons d'aliénés. Elles seront étudiées à la section IV du présent chapitre.

Les formalités immédiatement postérieures à la séquestration varient suivant qu'il s'agit d'un placement d'office ou d'un placement volontaire.

A). — *Placement d'office.* — Ici les formalités sont

un peu moins nombreuses (1). L'ordre du préfet, relatant les motifs sur lesquels il se fonde et les circonstances qui l'ont rendu nécessaire, est transcrit intégralement sur « un registre spécial, coté et parafé par le maire » (2). Ce registre est réservé aux placements d'office.

Dans les trois jours, le préfet doit donner avis de l'ordre de placement au procureur de la République, au maire du domicile et aux familles (3). Il en est aussi rendu compte au ministre de l'Intérieur par des états semestriels de placement (4). Les effets du placement ne durent que six mois. Aussi, dans le premier mois de chaque semestre, un rapport rédigé par le médecin de l'établissement est-il adressé au préfet. Ce rapport constate l'état de la personne retenue dans l'établissement, précise la nature de sa maladie et indique les résultats du traitement. Le préfet doit statuer sur chaque cas et prendre un arrêté prononçant la sortie ou le maintien dans l'asile.

Ces dispositions sont communes aux établissements publics et aux établissements privés.

---

1. Il paraît assez inutile, en effet, de donner avis au préfet d'un placement qui a été effectué par son ordre.

2. Loi de 1838, art. 12.

3. Celles-ci pourront prendre les mesures nécessaires si elles jugent que l'internement n'est pas suffisamment motivé.

4. Circulaire du 28 mars 1847.

B). — *Placement volontaire.* — S'agit-il d'un placement volontaire ? Les formalités imposées par la loi ne sont plus les mêmes, suivant que le placement est fait dans un établissement public ou dans un établissement privé. Parmi ces formalités, dont l'accomplissement est requis, les unes sont communes aux deux sortes d'établissements, l'autre est spéciale aux établissements privés.

a). — *Formalités communes aux établissements publics et privés.* — Au moment de son entrée, le nouveau pensionnaire est inscrit sur un registre spécial, tenu dans les mêmes conditions que le registre spécial réservé aux placements d'office, mais qui ne se confond pas avec lui. On y indique la date du placement, la personne qui l'a demandé, et, s'il y a lieu, le jugement qui a prononcé l'interdiction et le nom du tuteur. L'inscription devrait être faite même si le prétendu aliéné, reconnu sain d'esprit, était relâché dans les vingt-quatre heures. Et il y a un grand intérêt à ce que cette prescription soit exactement observée pour établir la responsabilité de la personne qui a requis le placement. Sont pareillement transcrits sur le registre le certificat joint à la demande d'admission et ceux du médecin de l'établissement (1). Et la Cour de cassation a jugé (2)

---

1. Loi de 1838, art. 8 et 11.

2. Cass. arrêt du 27 décembre 1875. (D. 76. 1. 67).

que la copie du certificat joint à la demande d'admission ne pourrait être remplacée par celle d'un autre certificat délivré, *au moment du placement*, par un médecin étranger pourtant à l'établissement. Car tout est de droit strict en cette matière. D'ailleurs ce certificat n'offre pas toutes les garanties désirables de bonne foi et d'exactitude. L'impartialité du médecin serait-elle au-dessus du soupçon, il n'en resterait pas moins que son diagnostic a pu être mis en défaut par des apparences trompeuses : il n'est pas douteux, en effet, que l'émotion provoquée par l'internement place le prétendu aliéné dans les conditions les plus fâcheuses pour subir un semblable examen. Cette infraction à la loi tomberait, dans tous les cas, sous le coup des pénalités portées à l'article 41. Elle pourrait même donner lieu à des dommages-intérêts.

En même temps qu'on procède aux formalités de l'inscription, mention est faite de toutes les pièces produites dans un bulletin d'entrée. Ce bulletin est transmis dans les vingt-quatre heures — avec le certificat du médecin de l'établissement et la copie du certificat joint à la demande — au préfet de police à Paris, au préfet ou au sous-préfet dans les chefs-lieux de département ou d'arrondissement, et aux maires dans les autres communes. Le sous-préfet ou le maire en fait immédiatement l'envoi au préfet.

Dans les trois jours de la réception du bulletin

d'entrée, le préfet est tenu de notifier administrativement le placement d'abord au procureur de la République de l'arrondissement du domicile de la personne placée, en second lieu au procureur de la République de la situation de l'établissement (1). L'autorité judiciaire, en effet, ayant mission de veiller à la protection de la liberté individuelle, doit nécessairement être avertie sans retard des internements effectués. Mise en éveil, elle pourra, s'il y a lieu, procéder à une enquête dans l'établissement même. Si les motifs du placement lui paraissent insuffisants, le ministère public demandera officieusement au préfet de prononcer la sortie, ou s'adressera au tribunal, qui pourra l'ordonner, en vertu des pouvoirs que lui confère l'article 29. Enfin si le procureur de la République croit se trouver en présence des éléments constitutifs du crime de séquestration prévu par le Code pénal, il en poursuivra les auteurs.

Comme il serait dangereux pour la liberté individuelle que le sort définitif de la personne placée pût dépendre d'un examen médical unique, contemporain du placement et forcément superficiel dans les conditions où il a lieu, la loi exige que, quinze jours après le placement, un nouveau certificat du médecin de l'établissement soit adressé au préfet. Ce cer-

---

1. Loi de 1838, art. 10.

tificat confirmera et rectifiera, s'il y a lieu, les observations contenues dans le premier en indiquant le
retour plus ou moins fréquent des accès ou des
actes de démence (1).

De plus, tous les mois au moins, le médecin devra
consigner sur le registre les changements survenus
dans l'état mental du malade.

b). — *Formalité spéciale aux établissements privés.*
— En outre de ces formalités auxquelles sont soumis tous les établissements, publics ou privés, la loi
a prescrit, à l'égard de ces derniers seulement, une
mesure de précaution spéciale destinée à rassurer le
public qui, à tort ou à raison, a toujours montré
quelque défiance à l'endroit des maisons de santé
privées.

Dans les trois jours de la réception du bulletin d'entrée, le préfet doit charger un ou plusieurs médecins
de visiter la personne désignée, afin de constater son
état mental, et d'en faire rapport sur-le-champ (2).

Section IV

Contrôle de l'autorité sur les asiles.

Pour garantir l'application régulière des mesures
de protection prises en faveur de la liberté indivi-

---

1. Loi de 1838, art. 11.
2. Loi de 1838, art. 9.

duelle, le législateur de 1838 a dû organiser un contrôle des maisons d'aliénés. C'est dans l'aticle 4 de la loi qu'il y a pourvu.

Aux termes de cet article, l'entrée des établissements publics et privés est ouverte au préfet, aux personnes déléguées par lui ou par le ministre de l'Intérieur, au président du tribunal, au procureur de la République, au juge de paix et au maire de la commune (1).

Il n'est pas fait mention dans la loi des premiers présidents des Cours d'appel, des procureurs généraux, ni des juges d'instruction. Ce n'est point un oubli. On a pensé qu'occupés par ailleurs et trop éloignés, ils n'useraient sans doute pas de ce droit. Mais s'ils ne sont pas chargés de contrôler la tenue des établissements d'aliénés, ils peuvent toujours y entrer, suivant le droit commun, au cas où un fait de séquestration arbitraire leur y aurait été signalé.

Lors de la discussion de la loi, l'article 4 fut violemment attaqué dans les deux Chambres. Certains orateurs trouvaient — M. de Montalembert était du nombre — que le projet rendait les asiles trop accessibles, et, au nom de l' « honneur des familles »,

---

1. Les délégués du ministre de l'Intérieur dont il est question au texte formaient ce corps permanent d'inspecteurs généraux du service des aliénés, créé en 1835, modifié en 1848 et en 1852, supprimé en 1883.

demandaient que le droit du préfet de déléguer quelqu'un pour ces visites extraordinaires fût limité au sous-préfet, « parce que ce fonctionnaire donne une certaine garantie à la famille », et que notamment, plus que tout autre, le maire fût écarté. M. de Montalivet, au nom du gouvernement, répondit fort justement à cette critique que, si le secret des familles était chose infiniment respectable, la garantie de la liberté individuelle présentait pourtant encore un intérêt plus pressant, et que, si une enquête devenait nécessaire, il était bon qu'il y eût toujours à proximité quelqu'un pour y procéder sans retard. Toutefois le gouvernement tint compte, dans une certaine mesure, de l'objection présentée : il promit que les visites seraient faites avec discrétion. Et c'est sans doute pour obtenir plus sûrement cette discrétion, que le nombre des visites ne fut pas déterminé et qu'aucune sanction ne fut établie pour les manquements aux prescriptions de l'article 4. Par là ce qui aurait dû être une obligation pour les personnes que la loi énumère devenait une simple faculté. C'était sans doute dépasser le but.

Aussi, dans la crainte que chacune des personnes mentionnées dans l'article 4 ne se reposât trop souvent sur les autres du soin d'assurer le service des visites et qu'ainsi la surveillance ne fût rendue nulle, on décida que le contrôle du procureur de la République serait obligatoire. Les visites du parquet ont lieu à des jours indéterminés et sont réglées à raison d'une visite par trimestre pour les établissements privés, d'une par semestre pour les établissements publics.

Elles ont à la fois pour but de vérifier si tous les règlements administratifs sont observés et de s'assurer qu'il n'existe aucun fait de séquestration arbitraire. Le second point nous intéresse seul.

A cet égard la création des registres spéciaux (1) a eu pour effet de faciliter singulièrement le contrôle, en établissant un véritable répertoire, constamment à jour, des individus internés. Ces registres offrent un tableau fidèle de l'intérieur de l'asile. Les renseignements, qu'ils fournissent en grand nombre, permettent d'embrasser d'un coup d'œil rapide l'ensemble des aliénés séquestrés, d'apprécier sommairement leur situation mentale et de connaître les mesures qui ont été prises à leur égard. Ils doivent contenir les noms, profession, âge et domicile des personnes qui ont été placées et de celles qui ont opéré le placement ; la copie du certificat de médecin qui a servi à l'entrée et celle des autres certificats adressés au préfet, à la suite de l'admission, par le médecin de l'établissement ; la copie de tous les ordres du préfet qui sont intervenus à l'égard de

---

1. Loi de 1838, art. 12 et 18.

chacun des pensionnaires de l'asile : ordres relatifs à l'entrée, à la maintenue dans l'établissement ou à la sortie ; la mention de toutes les sorties et des décès ; enfin les constatations mensuelles, qui doivent être faites sur le registre par le médecin, des changements survenus dans l'état mental de chaque malade. On sent toute l'importance de ces formalités : elles fixent à chaque époque l'état mental du malade ; « elles sont un témoignage écrit de la sollicitude et de la clairvoyance du médecin, dont elles préviennent l'incurie (1). »

Les personnes qui ont qualité pour inspecter l'asile se font représenter ces registres. Mais elles ne doivent pas s'en tenir aux seules indications qu'ils contiennent. Elles doivent interroger les malades, recevoir toutes leurs réclamations, et, la visite terminée, viser les registres. Pouvant prendre tous les renseignements propres à les éclairer, elles peuvent en fait poursuivre une véritable enquête, même à l'extérieur. Il fut demandé, lors de la discussion de la loi, qu'une amende pût être prononcée, — comme cela se fait en Angleterre, — contre toute personne refusant d'y comparaître. L'amendement fut repoussé pour cette raison que, l'enquête devant être ordonnée le plus souvent par le procureur de la

---

1. Tanon, *op. cit.*

République, les dispositions du Code d'instruction criminelle contre les témoins récalcitrants (1) étaient suffisantes.

SECTION V

Des sorties.

La sortie des individus maintenus dans un établissement d'aliénés est soumise à des règles différentes, suivant qu'il y a eu placement volontaire ou placement d'office. Toutefois les tribunaux peuvent toujours, dans tous les cas, ordonner la sortie.

A). — *Placement volontaire.* — Effectué spontanément dans un intérêt particulier, en dehors de l'autorité administrative, ce placement doit normalement prendre fin quand les parents réclament la sortie, ou quand les médecins proclament la guérison. Dès que la constatation de cette guérison a été faite, la sortie doit avoir lieu. La déclaration du *médecin* a une autorité souveraine ; le *directeur* qui prolongerait le maintien dans l'asile se rendrait coupable d'une détention arbitraire et s'exposerait aux peines prévues par l'article 120 du Code pénal. Pourtant, s'il pensait que la mise en liberté peut compromettre

---

1. C. I. Cr., art. 80.

l'ordre public, il pourrait peut-être, par analogie avec l'article 14 (1), demander au maire de la commune de surseoir provisoirement à la sortie. Mais en l'absence d'un texte positif, ce droit lui est contesté.

La sortie peut être demandée par les parents et par certaines autres personnes, alors même que l'aliéné ne serait pas guéri.

Suivant la personne qui requiert la mise en liberté, la sortie peut avoir lieu sur-le-champ ou être subordonnée à une décision favorable du conseil de famille. On a craint que certains parents, dont l'affection est présumée moins vive que celle des proches, n'abusent de la faiblesse d'un malade pour s'approprier sa fortune et le laisser sans soins.

Peuvent requérir la sortie sans aucune autorisation : le curateur nommé par le tribunal pour veiller sur le traitement de l'interné ; l'époux ou l'épouse ; — s'il n'y a pas d'époux ou d'épouse, les ascendants; — s'il n'y a pas d'ascendants, les descendants (2) ; enfin la personne qui a signé la demande d'admission. Ayant pris la responsabilité de la séquestration, il est juste qu'elle puisse s'en décharger lorsqu'elle le juge nécessaire.

---

1. L'art. 14 lui donne ce droit au cas où la sortie est demandée par la famille avant que la guérison ait été obtenue.

2. Sous le nom de parents, ascendants, descendants, les femmes sont comprises au même titre que les hommes.

Tous les autres parents ne peuvent demander la sortie qu'avec l'autorisation du conseil de famille. Il en est ainsi notamment pour les frères et sœurs de l'aliéné. Cette autorisation est encore nécessaire au cas de désaccord entre plusieurs ascendants ou plusieurs descendants, ou encore au cas où l'un des parents s'opposerait à la demande de sortie faite par la personne qui a signé la demande d'admission.

Ces règles ne s'appliquent qu'aux aliénés majeurs et non interdits. Pour les interdits et les mineurs, le tuteur seul peut demander la sortie.

En ce qui touche les interdits, il semble que cette disposition soit en opposition avec l'article 510 du Code civil qui charge le conseil de famille de décider si l'interdit sera traité dans son domicile, s'il sera placé dans une maison de santé ou même dans un hospice. Mais lors de la discussion de l'article 14, il fut décidé qu'on ne dérogerait pas aux lois sur la tutelle et l'interdiction, et que par conséquent le conseil de famille pourrait toujours prescrire au tuteur de demander la sortie. L'article 14 voudrait donc simplement dire que nulle personne, hors le tuteur, ne peut *requérir* la sortie, le tuteur ne pouvant agir, du reste, que dans la limite de ses attributions et de son mandat.

Cette opinion a été soutenue par Demolombe (1)

---

1. Demolombe, t. II, n° 872.

et par M. Colmet de Santerre (1). La jurisprudence l'a adoptée (2).

On décide ordinairement que le curateur du mineur émancipé et le conseil judiciaire du prodigue peuvent aussi requérir la sortie. Mais c'est là une extension arbitraire de l'article 14. Le seul droit qu'ils aient, c'est de demander au préfet de vouloir bien ordonner la sortie, ou d'adresser une requête en ce sens au tribunal.

Des dispositions combinées des articles 14 et 15, on peut induire que les personnes qui requièrent la sortie de l'aliéné doivent former une véritable demande écrite et signée, indiquant en quelle qualité elles agissent.

La demande régulièrement faite a un caractère obligatoire pour le directeur de l'établissement, qui ne peut y retenir la personne qui en a été l'objet. Il doit la mettre immédiatement en liberté, et, dans les vingt-quatre heures de la sortie, en rendre compte à

1. Colmet de Santerre, t. II, n° 294 *bis*.

2. Trib. civ. de la Seine, 22 novembre 1881. (*Le Droit* du 27 nov. 1881). Ce jugement considère que les art. 14 et 17 de la loi ont eu simplement pour but de régler la procédure de retrait des aliénés interdits sans modifier l'art. 510. Il décide même que le conseil de famille a le droit de régler les communications de l'interdit avec son tuteur, le directeur de l'établissement étant tenu de se conformer aux mesures prises.

l'autorité administrative dans un rapport. Ce rapport doit faire connaître le nom et la résidence des personnes qui ont retiré le malade, son état mental au moment de la sortie, et, autant que possible, le lieu où il a été conduit (1). Avertis et renseignés les préfet de police ou préfet, sous-préfet, ou maire, seront en mesure, s'ils le jugent nécessaire, d'exercer une surveillance sur l'aliéné libéré.

Dans un seul cas, celui où il estime que la mise en liberté prématurée risque de compromettre l'ordre public ou la sécurité des personnes, le chef de l'établissement peut demander au maire de surseoir à la sortie. Ce sursis provisoire, ordonné par le maire à charge d'en référer au préfet dans les vingt-quatre heures, ne peut être accordé que quand l'intérêt public est en jeu, jamais il ne pourrait l'être dans l'intérêt de l'aliéné lui-même. Bien souvent pourtant une sortie hâtive peut présenter pour celui-ci les inconvénients les plus graves, être la cause d'une rechute. Mais il importe, d'autre part, pour la sauvegarde de la liberté individuelle, de ne pas laisser une pareille latitude à l'arbitraire du directeur.

Pas davantage le sursis ne pourrait être prononcé pour défaut de paiement du prix de la pension. Ce

---

1. Loi de 1838, art. 15.

procédé renouvelé de la contrainte par corps tomberait sous le coup de la loi pénale comme constituant une véritable séquestration arbitraire.

Dans le délai de quinze jours, à compter de ce sursis, le préfet doit statuer, et prononcer, s'il le juge nécessaire, le placement d'office. Si le préfet n'avait pas signifié d'ordre, l'aliéné serait élargi à l'expiration du délai de quinzaine.

Le préfet, chargé de la surveillance des établissements d'aliénés, peut toujours, et dans tous les cas, ordonner la sortie d'un aliéné victime d'un placement « volontaire ».

Enfin, suivant la disposition de l'article 17 de la loi, l'interdit et le mineur ne peuvent, en aucun cas, être remis, le premier qu'à son tuteur, le second qu'à ceux sous l'autorité desquels la loi l'a placé.

B). — *Placement d'office.* — Comme le placement d'office a lieu, avant tout, dans un intérêt collectif, le préfet seul peut ordonner la mise en liberté lorsque l'aliéné est guéri ou n'offre plus de danger pour la société. Il prononce l'élargissement, soit au moment du rapport semestriel fait par le médecin de l'asile, soit dans l'intervalle, lorsque ce médecin aura déclaré que la sortie peut avoir lieu.

Lorsque la guérison d'un aliéné dangereux a été obtenue, mais quand des rechutes restent à craindre, l'individu redevenu sain d'esprit peut-il être maintenu dans l'asile ? On a voulu tirer argument des termes de l'article 23, — qui, en effet, n'oblige pas le médecin à déclarer que la guérison a été obtenue, mais seulement si la sortie peut être ordonnée, — pour soutenir l'affirmative. D'autre part, les articles 20 et 23 enjoindraient au préfet, non de prononcer l'élargissement, mais uniquement de statuer sans délai. Sans doute, dit-on, l'article 13 décide bien que toute personne guérie doit être remise en liberté, mais cet article, placé dans la section relative aux placements volontaires, ne saurait s'appliquer aux placements d'office.

Suivant une seconde opinion, qui compte de nombreux partisans, la loi de 1838, qui n'a traité que des *aliénés*, que des établissements destinés à recevoir et à soigner des *aliénés*, ne serait plus applicable aux individus qui, ayant été aliénés, ont cessé de l'être. Quant à l'article 13, qui dispose que toute personne placée dans un établissement d'aliénés cessera d'y être retenue aussitôt que les médecins de l'établissement auront déclaré sur le registre que la guérison est obtenue, la règle qu'il formule aurait un caractère général, quelle que soit d'ailleurs la place que cet article occupe dans l'ensemble de la loi. Ce serait alors dans un pur intérêt de style que l'article 23 aurait reçu une rédaction différente.

Quoi qu'il en soit, la volonté du législateur reste obscure ; et l'étude des travaux préparatoires ne

peut être d'aucun secours (1) pour mettre fin à une
incertitude qui peut devenir dans la pratique la source
de graves abus.

Si l'on ne doit s'arrêter qu'aux textes, le préfet
aurait donc toute latitude de maintenir séquestré
l'individu guéri, si des rechutes sont à craindre et
si elles peuvent être dangereuses pour la sécurité
publique.

Contre les décisions du préfet et contre celles des
familles l'article 29 de la loi organise largement et
sans restriction le recours aux tribunaux. Si l'on per-
mettait à l'administration de disposer de la personne
des aliénés, il fallait du moins, de toute nécessité,
mettre ceux-ci, après le placement, sous la protection
de la justice. L'autorité préfectorale s'arrête cette
fois devant un pouvoir supérieur au sien. Le tribunal
statue souverainement, et la séquestration doit cesser dès qu'il l'ordonne, qu'il s'agisse d'un placement
d'office ou d'un placement volontaire. L'action est
ouverte à tous : au curateur nommé par le tribunal,
au procureur de la République (2), à la personne qui
a réclamé le placement, à tout parent ou ami, enfin à
l'individu détenu dans l'asile. Au cas d'interdiction,

---

1. L'art. 23 actuel (art. 4 § 2 du projet du gouvernement, art. 17 du
projet de la commission), fut adopté sans débat.

2. La sortie peut toujours être requise d'office par le procureur de
la République agissant au nom de l'intérêt public.

le tuteur seul a qualité pour former cette demande.

Si donc la justice n'intervient pas dans les placements, elle n'y reste cependant pas étrangère. Seulement son intervention ne se produit pas nécessairement : il faut qu'elle soit sollicitée par le ministère public ou par les tiers.

Lors de la discussion de la loi certains virent à tort dans un ordre de sortie émané des tribunaux, au cas d'un placement d'office, une dérogation à la règle d'après laquelle les actes de l'autorité administrative échappent au contrôle de la justice, et, par suite, une atteinte à l'indépendance de cette autorité.

Bien que la crainte en ait été émise parfois, ce recours ne saurait être une occasion de conflits entre la justice et l'administration. Il n'y a rien d'anormal, en effet, dans une pareille répartition de pouvoirs, chacun faisant dans sa sphère les actes qui lui sont propres : l'autorité administrative veille à la préservation sociale, le pouvoir judiciaire assure la garantie de la liberté individuelle.

La demande de sortie doit être présentée aux tribunaux civils qui, seuls, ont compétence. Compétence absolue, à laquelle on ne pourrait porter atteinte, même indirectement (1).

Le tribunal compétent est celui du lieu de la situa-

---

1. Arrêt du Conseil d'État en date du 16 décembre 1881 (D. 83. 3. 25).

tion de l'établissement. Le projet de loi, assimilant la demande de sortie à une demande personnelle avait désigné le tribunal du domicile de l'aliéné. Mais il ne peut y avoir d'action personnelle, du moment où il n'y a pas eu d'interdiction prononcée. On poursuit plutôt la réparation d'une sorte de délit commis par la personne qui retient l'aliéné guéri, et c'est au tribunal du lieu où se commet le délit à accorder cette réparation. Des considérations d'ordre pratique s'opposaient, du reste, à la disposition du projet de loi. Le point principal à constater est l'état actuel de la personne internée. Comment pourrait-on nier que le tribunal du lieu de la situation, auprès duquel siège le procureur de la République chargé des visites, soit mieux placé que tout autre pour juger en pleine connaissance de cause ?

La loi ne dit pas dans quelle forme la requête doit être présentée. Certains tribunaux, s'inspirant de l'esprit large de la loi, consentent à examiner toute demande, quelle qu'en soit la forme ; d'autres, au contraire, une requête en forme, présentée par un avoué. Ce formalisme étroit a le plus souvent pour conséquence de priver l'individu interné du bénéfice de l'article 29. Il peut même faire reculer un parent ou un ami devant les frais qu'il occasionne. A ce double titre, une pareille jurisprudence doit être condamnée.

Dans l'intérêt du malade et de sa famille, dans

l'intérêt de l'ordre public, l'examen de la requête est soustrait à la publicité des audiences. Il est fait en Chambre du Conseil. Après les vérifications nécessaires le tribunal ordonne, s'il y a lieu, la sortie immédiate. La décision n'est pas motivée.

La question de savoir si cette décision est soumise à l'appel offre un intérêt plus théorique que pratique, puisque la situation de la personne internée étant susceptible de se modifier sans cesse, la demande peut être immédiatement et indéfiniment renouvelée. D'après l'opinion commune, et conformément au droit commun, l'affirmative doit être adoptée. C'était d'ailleurs la pensée de Vivien.

Afin de faciliter l'accès du tribunal aux plus pauvres, l'article 39 décide que tous les actes auxquels la réclamation peut donner lieu seront timbrés et enregistrés sans frais. Mais le visa pour timbre et l'enregistrement ont lieu seulement en débet et non pas gratis.

Pour que le tribunal puisse statuer sur les requêtes et réclamations qui lui sont adressées par les individus séquestrés, la loi défend aux directeurs, sous des peines sévères, de retenir aucune réclamation adressée, soit à l'autorité judiciaire, soit à l'autorité administrative. Cette disposition formelle n'admet aucune exception, alors même que ces requêtes porteraient des signes évidents d'insanité.

Il n'en va pas de même pour les correspondances

particulières de l'aliéné. La loi ne s'occupe pas d'elles. S'il paraît qu'en fait toute lettre écrite par l'aliéné pour recouvrer sa liberté soit toujours envoyée à l'autorité administrative ou à l'autorité judiciaire, à laquelle elle est adressée, il est assez fréquent que la correspondance de l'interné à ses parents, amis et connaissances, soit interceptée. On en donne pour motifs le défaut d'affranchissement, et principalement l'absurdité de la plupart des lettres et les conséquences fâcheuses qui pourraient en résulter pour les familles ou les tiers. Il arrive souvent, en effet, que ces lettres contiennent des ordres d'achat ou de vente, des calomnies, des injures, la révélation des secrets de famille d'autres pensionnaires, etc.; quelquefois aussi elles se multiplient tellement que les parents eux-mêmes demandent qu'elles ne leur soient pas envoyées.

Cette question met en jeu le secret de la correspondance. Ce secret est inviolable, proclame la jurisprudence la plus récente de la Cour de cassation. Tel est le principe. Mais il y a exception si la correspondance n'est pas présumée avoir un caractère confidentiel et si les personnes dans les mains de qui elle se trouve en sont détentrices légitimes. Le caractère confidentiel existe-t-il dans les lettres écrites par l'individu séquestré? La Cour de cassation (1) a jugé

---

1. Cass. 17 décembre 1875 (D. 76. 1. 67).

que, pour que la lettre ait un caractère confidentiel, il fallait qu'elle fût l'œuvre d'une volonté réfléchie, consciente. Cette condition n'existerait pas ici, tout individu séquestré étant, d'après la loi, présumé aliéné, donc inconscient. Ces lettres, dit le même arrêt, se trouvent légitimement entre les mains du directeur, car elles peuvent fournir une indication précieuse pour l'établissement du traitement à faire suivre.

On va plus loin, — trop loin : l'esprit de la loi, dit-on, s'oppose à ce que ces lettres parviennent à leur destination. « La loi, en effet, s'est proposé « pour but de protéger la société, de faire régner la « tranquillité dans l'intérieur des familles, d'assurer « le traitement de l'aliéné, en l'isolant. *Or, que* « *deviendrait cet isolement, si l'aliéné pouvait cor-* « *respondre avec le dehors, écrire et recevoir des let-* « *tres ?* » (1) Il suffit pour l'instant de faire observer que la loi a eu aussi pour but de protéger la liberté individuelle : On ne voit pas trop ce que devient cette liberté dans un pareil système.

Sa famille, ses amis sont-ils admis à rendre visite à l'aliéné dans l'asile ? La loi est muette à cet égard. Mais peut-être cette même nécessité de protéger l'ordre social et d'assurer le traitement, qu'on invoquait

---

1. Victor Faidides, *Le Régime des aliénés.* Thèse, Paris, 1898.

tout à l'heure, exigerait-elle encore que de tels manquements à la règle de l'isolement absolu ne fussent point tolérés. Le règlement intérieur des asiles est heureusement, un peu plus large : Dans les établissements publics les aliénés peuvent être visités par leurs parents et leurs amis, à condition, toutefois qu'ils soient munis d'une permission écrite du médecin en chef, visée par le directeur. Les visites se font au parloir ou dans les jardins, sous la surveillance des infirmiers, et exceptionnellement, en cas de nécessité, dans les quartiers et dans les chambres des pensionnaires, sur autorisation spéciale. Ces visites doivent cesser immédiatement si elles ont pour effet d'agiter le malade (1). Les mêmes règles sont observées dans les établissements privés. « En géné-
« ral, dit M. Ernest Bertrand (2), lorsque la situa-
« tion de l'aliéné le permet, on admet aux visites,
« sans permission écrite spéciale, tout visiteur qui se
« présente et qui donne un motif suffisant, en excep-
« tant seulement ceux que la personne par laquelle
« a été fait le placement défend de laisser voir. En
« cas de réclamation pour refus de visite, les direc-
« teurs exigent un ordre du procureur de la Répu-
« blique ou de la préfecture de police ; si, malgré

---

1. Règlement, art 167 et suiv.
2. E. BERTRAND. *Op. cit.*, p. 62 et 63.

« cet ordre, la personne qui a opéré le placement
« persiste à s'opposer à la visite, il en est référé
« au tribunal. »

APPENDICE

Sorties d'essai. — Évasions.

Quand l'état du malade s'est amélioré, mais reste
stationnaire, et lorsque le caractère de la folie n'a
rien de dangereux, quelques chefs d'établissements
envoient les aliénés passer quelque temps dans leurs
familles. Cet usage, qui tend peu à peu à se généraliser, même dans les asiles publics, et qui a quelquefois donné d'heureux résultats, fournira souvent au
médecin le moyen le plus sûr pour reconnaître,
dans les cas douteux, si un aliéné peut être rendu à
la vie commune. C'est l'expérience directe, la constatation même du fait substitué à de simples présomptions. Mais cette expérience n'est point sans dangers
et, comme ni la loi, ni les règlements ne l'ont prévue, la légalité d'une telle pratique est fort discuta-
ble.

On a cependant tenté de la justifier, sous le régime
même de la loi de 1838, au moins pour les aliénés
admis dans les asiles par placement volontaire et
entretenus au compte de leur famille. Il n'est pas
douteux que les termes des articles 13 et 14 de la

loi permettent, à toute époque, des sorties qui peuvent ne pas avoir un caractère définitif. Mais il est aussi certain que, dans l'état actuel de la législation, une réintégration, même immédiate, ne peut régulièrement avoir lieu, en cas de rechute, sans l'observation des mêmes formalités que l'article 8 a prescrites pour le premier placement.

Il y a lieu de penser que la plupart des directeurs d'asiles se montrent moins rigoureux et moins stricts.

Quant aux aliénés placés d'office et sortis à titre d'essai, les préfets refusent généralement, d'une manière absolue, d'admettre qu'ils puissent être réintégrés sans formalités légales, en cas de retour d'une nouvelle crise d'aliénation. Ils tiennent en principe à maintenir intact le droit, que leur a conféré la loi de 1838, de statuer sur toutes les admissions d'office. Ils veulent présider eux-mêmes aux sorties provoquées par les médecins et ne permettent aucune réadmission sans leur intervention.

Évasions. — L'aliéné évadé de l'asile est considéré habituellement comme faisant toujours partie de l'effectif légal et comme pouvant être réintégré sans aucune formalité.

Cependant un jugement du tribunal de Besançon du 15 février 1888 (1) a décidé que, du moment

---

1. *Revue des établissements de bienfaisance*, 1888, p. 210.

qu'un certain laps de temps s'était écoulé depuis l'évasion, il y avait droit acquis au profit de l'aliéné, et que la réintégration ne pouvait plus avoir lieu qu'en remplissant à nouveau les formalités du placement.

Cette théorie entraîne comme conséquence que la réintégration dans l'asile ne peut se faire *manu militari* puisqu'il y a un véritable placement nouveau et que l'emploi de la force publique est prohibé dans les placements volontaires.

Section VI

Pénalités.

Le titre III de la loi de 1838, sous l'intitulé de *dispositions générales*, est consacré aux pénalités. Il se compose d'un seul article, l'article 41.

Cet article punit d'un emprisonnement de cinq jours à un an et d'une amende de 50 à 3.000 francs, ou de l'une ou l'autre de ces peines, les contraventions à la loi ou aux règlements établis en vertu de l'article 6, c'est-à-dire qui sont visés dans les autorisations accordées aux établissements privés.

Le second paragraphe de l'article 41 permet au tribunal de faire application de l'article 463 du Code pénal, — c'est-à-dire que si les circonstances atténuantes sont admises les tribunaux correctionnels sont autorisés, même en cas de récidive, à réduire l'emprisonnement au-dessous de 6 jours et l'amende au-dessous de 16 francs.

Ces peines visent les contraventions commises par les chefs, directeurs, préposés responsables et les employés des établissements d'aliénés. Il n'est pas question de peines particulières pour les gardiens et autres agents qui forment le personnel inférieur.

La loi de 1838 a été complétée au point de vue pénal, mais seulement pour ce qui concerne les établissements privés, par l'Ordonnance royale du 18 décembre 1839, dont l'article 31 porte que « le « retrait de l'autorisation pourra être prononcé, sui- « vant la gravité des circonstances, dans tous les « cas d'infraction aux lois et règlements sur la « matière, notamment dans les cas ci-après :

... « 6° S'il est commis quelque infraction aux dis- « positions du règlement du service intérieur en ce « qui concerne les mœurs ;

« 7° S'il est employé à l'égard des aliénés des trai- « tements contraires à l'humanité. »

Ainsi la loi de 1838 s'est bornée à punir les contraventions à certaines dispositions qui lui sont propres (1) ; elle n'a rien ajouté, ni rien changé à nos

---

1. Toutes les sanctions pénales qu'elle édicte supposent toujours la bonne foi des directeurs d'établissements, et l'absence dans les établissements de toute séquestration ou autre attentat à la liberté indi-

lois pénales pour les délits et les crimes qui se rapportent à la séquestration visée par les articles 341 et suivants du Code pénal, ou aux attentats à la liberté individuelle prévus par les articles 114 à 122 du même Code; l'ordonnance royale de 1839 a visé certains de ces crimes ou délits commis dans les asiles privés, mais seulement au point de vue de la responsabilité du directeur vis-à-vis de l'autorité administrative, qui a autorisé la création de son établissement.

---

viduelle. Elles ne peuvent avoir pour résultat que d'empêcher la négligence, puisqu'en cas de crime elles se confondraient avec les pénalités plus fortes du droit commun.

(Voir à ce sujet Th. Huc, *Des aliénés et de leur capacité civile*. Paris, 1869, p. 21).

CHAPITRE II

Mesures indirectement protectrices de la personne.

En soi, la question de l'administration des biens et de la capacité civile de la personne internée est, au moins théoriquement, très indépendante de toutes les questions qui se posent à propos du placement et des soins à donner à cette personne. Il se peut, en effet, que les mêmes conditions suffisantes pour justifier un placement, ne puissent servir de fondement à une déchéance de la personnalité civile. Une crise momentanée peut suffire pour que le placement soit régulier. Un accès passager ne doit-il pas être impuissant à emporter déchéance civile ?

Dans presque tous les pays la capacité civile et l'administration des biens de l'aliéné font l'objet de mesures spéciales distinctes du placement ; et c'était aussi le droit commun du Code civil. Ce droit commun a subi chez nous, du fait de la loi de 1838, une déviation partielle considérable. A côté de l'interdiction, régime de droit commun, en matière de protection patrimoniale des aliénés, on a admis, encore assez incomplètement (1), il est vrai, un régime parallèle, un système de protection, d'administration et de déchéance, résultant du seul fait du placement.

Il se trouve donc qu'en fait, dans notre législation les questions relatives au placement, d'une part, et celles relatives à la gestion des biens et à la capacité des personnes internées, d'autre part, sont étroitement liées entre elles.

Mais le lien n'eût-il pas été créé par la loi de 1838, ces deux ordres de dispositions, si différents en apparence, eussent pourtant toujours possédé un caractère commun : à savoir que, à des degrés divers, ils tendent l'un et l'autre, à assurer la protection de la personne. Pour n'être pas aussi évidente que celle qui résulte des dispositions relatives au placement et à toutes les questions qui s'y rattachent, la protection qui peut résulter des dispositions relatives aux intérêts civils des internés n'en est pas moins réelle. Quand le patrimoine du prétendu aliéné aura été mis à l'abri de toute mainmise étrangère ; quand des parents intéressés n'auront plus aucun profit à attendre d'un placement frauduleux, on aura peut-être plus fait pour la garantie de la liberté individuelle qu'en réglant les formalités du placement ou de la

---

1. La loi de 1838 n'établit, en effet, d'administration légale et forcée que pour les individus placés dans un établissement public.

sortie, ou qu'en organisant le contrôle des asiles : mieux vaut supprimer la cause que tenter seulement d'en paralyser les effets. Les internements arbitraires sont rares ; mais le plus souvent quand un placement est injustifié, il en faut chercher la raison dans un intérêt purement patrimonial. Tantôt c'est un individu qui menace de faire un testament dépouillant ses héritiers, ou une reconnaissance d'enfant naturel dangereuse pour la famille légitime. On l'enferme pour le frapper d'incapacité. Tantôt c'est un parent, malade depuis quelque temps déjà, et dont les biens sont à la merci de son entourage ; on redoute de sa part des velléités de révolte. On veut l'écarter et mettre la main sur ses revenus. Dans tous ces cas, une bonne loi patrimoniale sur les aliénés peut constituer un moyen préventif très efficace contre des manœuvres intéressées et criminelles.

C'est à ce titre que l'examen des dispositions de la loi de 1838 relatives aux biens et à la capacité civile de la personne internée a sa place marquée dans une étude générale des garanties légales organisées en faveur de la liberté individuelle.

Section I

Gestion des biens de l'aliéné.

On a vu, d'après les circulaires ministérielles de l'an IX et de l'an XII, quel obstacle la procédure de l'interdiction, — seul moyen légal alors de placer un aliéné en traitement dans une maison de santé, — opposait à l'exercice des droits et à l'accomplissement des devoirs de la famille et de l'administration à l'égard des aliénés.

Le législateur avait donc à créer pour ces malades, dont l'état, en règle générale, devait être considéré comme susceptible de guérison, un régime légal, qui ne fût ni le libre exercice des droits que la maladie rend impossible, ni la perte complète et à peu près définitive de ces droits, qui est la conséquence de l'interdiction. Ce fut une des grandes difficultés de la tâche du législateur de 1838 de créer, pour la conservation des biens de l'aliéné et pour la protection de ses droits ce régime intermédiaire en accord avec une situation susceptible de changements et qui, sans avoir les inconvénients de l'interdiction, devait en offrir les avantages.

Le but et l'esprit du système de la loi, en ce qui concerne l'administration des biens et la capacité de la personne, ressortent avec une netteté parfaite du rapport présenté par Vivien à la séance du 18 mars 1837.

§ 1. — Administration provisoire.

Le projet initial au gouvernement (art. 4) avait lié en quelque sorte la procédure judiciaire destinée à mettre fin à l'internement au sort de la demande en interdiction (1). Un tel système n'était pas sans danger, les conditions légales ou matérielles de l'interdiction pouvant n'être pas réalisées et cependant la folie, bien que purement accidentelle et momentanée, durer encore. Vivien démontra avec force qu'il fallait rendre la question du maintien du placement tout à fait indépendante de l'interdiction (2). Mais, comme on pouvait craindre que l'internement se prolongeât sans que l'interdiction fût demandée et que, par suite, l'administration des biens restât pour un long temps entre les mains de gérants improvisés, sans mandat régulier, exempts de toute surveillance et de tout contrôle, il était nécessaire qu'une administration provisoire, résultant du seul fait du placement, fût légalement organisée.

---

1. Art. 4 du projet : « ... Les causes du placement seront de droit « considérées comme ayant cessé :

« 1° Si depuis le placement un jugement rendu sur la demande « d'un individu ou de sa famille, ou sur la provocation du procureur « du Roi, a prononcé qu'il n'y a lieu ni à l'interdiction, ni à l'admi- « nistration provisoire ;

« 2° Si le temps pour lequel l'autorisation ou l'ordre ont été déli- « vrés s'est écoulé sans qu'ils aient été renouvelés ou sans qu'il soit « intervenu aucun jugement prononçant soit l'interdiction, soit l'ad- « ministration provisoire... ». (*Législation sur les aliénés et les enfants assistés*, tome II, p. 17 et 18).

2. *Loc. cit.*, II, p. 48 et suiv.

C'est là l'innovation la plus remarquable de la loi nouvelle. Encore le législateur s'est-il arrêté à mi-chemin : Le système qu'il a établi laisse, en effet, subsister l'interdiction comme issue normale, au point de vue juridique, chaque fois que le malade devient incurable ou que la folie vient à prendre un certain caractère de permanence.

C'est seulement sous cette forme que, dans sa pensée, devait se réaliser l'administration régulière et définitive. Jusque-là, tout ne devait être que strictement provisoire, limité aux mesures indispensables. Dès qu'une situation un peu délicate et complexe venait à se présenter, dès qu'un acte important et grave venait à s'imposer, l'interdiction devait alors être provoquée, les intéressés ou les ayants droit devaient être tenus de la requérir.

Ainsi s'explique qu'en même temps qu'il proclamait la nécessité d'organiser une administration provisoire, le législateur n'ait donné à cette administration provisoire qu'une organisation limitée et insuffisante.

A). — *Administration provisoire légale* (1). — Tout d'abord, cette administration provisoire la loi ne l'a prévue et réglementée que pour les personnes placées dans un établissement public. Déjà la loi du

---

1. Loi de 1838, art. 31.

15 pluviôse an XIII avait créé pour les enfants aban-
donnés, recueillis dans les hospices, une sorte de
tutelle légale en faveur des commissions administratives de ces établissements. On n'avait qu'à s'inspirer de cet exemple, puisque auprès des établissements
d'aliénés on retrouvait le même organe administratif,
tantôt commission de surveillance, tantôt commission administrative.

On pouvait prévoir d'ailleurs que les établissements publics ne s'ouvriraient guère qu'aux indigents
ou, tout au moins, qu'à ceux dont la fortune médiocre est d'une administration peu compliquée. Plus de
conseil de famille à rassembler, ni de juge de paix à
requérir : la concentration de la gestion de tous ces
petits pécules aux mains de quelques administrateurs
toujours les mêmes, à portée de l'organe de contrôle,
qui était ici la commission administrative elle-même,
entraînait donc une grande simplification des formes
et une réduction considérable des frais d'administration, sans que cependant les intérêts de la personne
nternée cessassent d'être garantis.

B). — *Administration provisoire judiciaire* (1). —
Quant aux gens riches, pour qui les internements
arbitraires sont plus particulièrement à redouter, et
dont la famille acceptera difficilement cette sorte de

---

1. Loi de 1838, art. 32.

dessaisissement en faveur d'une commission admi
nistrative ; quant à ceux qui sont placés dans les établissements privés, auprès desquels il n'existe pas
de commission de ce genre, qu'allait faire la loi ?
Allait-elle instituer une administration légale qui
serait de droit déférée à un des membres de la
famille, — au moins à un parent proche, — en vertu
d'une sorte de droit familial, et sauf déchéance ou
indignité reconnue par le juge ? La question ne s'est
même pas posée en 1838.

L'idée n'en était pas venue davantage aux rédac-
teurs du Code civil, quelque respectueux qu'ils fussent des droits de la famille. Il n'est, en droit français, de tutelle légale que pour les mineurs ; rien de
pareil en matière d'interdiction, en dehors de l'exception introduite par l'article 506 au profit du mari
d'une femme interdite. Et quand, au cours de la
procédure d'interdiction, on vient à nommer un administrateur provisoire, il n'y a d'administration légale
au profit de personne. Le Code civil ne connaît pas
d'administrateurs légaux ; il n'admet que des administrateurs judiciaires ou datifs, c'est-à-dire nommés
par le juge (1) ou par le conseil de famille, comme
c'est le cas du tuteur en matière d'interdiction.

Il y avait une raison puissante d'en décider ainsi :

---

1. C. civ., art. 497.

c'est que le plus souvent, en effet, l'administrateur
légal serait précisément celui qui poursuivrait l'interdiction, celui qui aurait un intérêt trop évident au
dessaisissement, à la déchéance civile, à l'incapacité
de l'interdit. Dans la plupart des cas on n'a, contre la
famille, aucune raison de défiance et c'est le demandeur lui-même que le tribunal désigne comme administrateur ou le conseil de famille comme tuteur.
Mais un cas pourrait se présenter où la demande fût
injustifiée. Aussi la loi devait-elle se garder d'investir
de tous les droits sur les biens d'un individu celui-là
même qui poursuit sa déchéance et qui pourra tirer
profit de son incapacité, quand elle aura été prononcée (1). Toute idée de tutelle légale au profit de la
famille, en matière d'interdiction, ou, d'une façon
générale, lorsqu'il s'agit d'une mesure de dessaisissement et de déchéance civile, serait, au point de vue
des principes, un contre-sens juridique.

Les mêmes raisons, qui, en matière d'interdiction
avaient fait écarter toute idée d'investiture légale en
faveur de la famille, gardaient toute leur force à
l'égard des individus placés dans un asile d'aliénés,
pour lesquels le seul fait du placement devait servir

---

1. On voit combien cette situation est différente de celle qu'on rencontre dans la tutelle des mineurs : pour ceux-ci la tutelle légale
n'éveille qu'une idée de protection, sans que puisse s'y rattacher
aucune initiative de déchéance civile.

de fondement à un dessaisissement au moins partiel en matière d'administration.

De fait, l'idée d'une administration déférée de droit aux proches ne paraît pas même avoir été envisagée du législateur. Il ne s'est trouvé personne pour la proposer, ni pour la défendre.

Aussi n'avait-on pas pu ou n'avait-on pas voulu imposer, à tout le monde du moins, l'administration légale au profit d'une commission de surveillance. A quel système allait-on être forcé de s'arrêter, soit pour ceux qui refuseraient de souscrire à une sorte de dessaisissement en faveur de cette commission, soit pour ceux qui seraient placés dans un établissement privé, alors que toute commission de ce genre se trouverait faire défaut ? On dut nécessairement admettre la nomination d'un administrateur judiciaire analogue à celui qui peut être constitué au cours de la procédure d'interdiction, en vertu de l'article 497 du Code civil. Administration judiciaire, donc administration dative ; et non plus l'administration légale, dévolue par la loi.

Ce n'est d'ailleurs pas avec l'administrateur nommé en vue de l'interdiction, encore moins avec les représentants légaux du mineur (1), que Vivien dans son

---

1. Il ne s'ensuit pas toutefois que l'administration provisoire — judiciaire — n'offre pas avec la tutelle un certain caractère d'analogie : comme elle notamment, elle est gratuite. La différence la plus mar-

r apport (séance du 18 mars 1837) se propose d'établir le rapprochement. Il se reporte aux dispositions contenues dans le Code pour le cas de présomption d'absence, « situation, dit-il, qui offre une grande analogie avec celle dont nous nous occupons. » Il y a, en effet, dans chacun des deux cas une période provisoire qui précède le moment où tout deviendra définitif. De part et d'autre, au début tout au moins, il plane une incertitude sur la situation de l'intéressé : S'agit-il d'un individu décédé ? voilà ce qu'on ignore en cas d'absence présumée. S'agit-il d'un véritable dément ? voilà ce qu'on ne sait pas encore, au sujet de l'individu qu'on interne, alors qu'une interdiction n'est ni demandée ni prononcée. Tout reste incertain, tout doit être provisoire. Mais, pas plus que pour les présumés absents, le législateur de 1838, pour ce qui est des présumés aliénés, ne pouvait

---

quée entre ces deux institutions apparaît surtout en matière d'hypothèque légale. Tandis que les biens du tuteur en sont grevés, ceux de l'administrateur y échappent. Cependant, sur la demande des parties intéressées ou sur celle du procureur, le jugement de nomination peut constituer sur ses biens une hypothèque, générale ou spéciale, jusqu'à concurrence d'une somme déterminée. Cette hypothèque doit être inscrite dans la quinzaine sur l'ordre du procureur ; elle ne date que de l'inscription (Loi de 1838, art. 34). Elle se distingue donc de l'hypothèque légale du mineur en ce qu'elle n'a pas lieu de plein droit ; en ce qu'elle ne grève pas les biens de l'administrateur pour une somme indéfinie ; en ce qu'elle n'est pas dispensée d'inscription.

songer à une investiture légale au profit de qui qu_e ce fût. Dès qu'il s'agit de majeurs, il ne peut plus être question pour personne de représentants légaux, c'est-à-dire investis de droit par la loi elle-même de l'administration éventuelle du patrimoine. Les majeurs n'ont qu'un seul protecteur de leurs droits, la justice. Seul, le juge peut, s'ils deviennent incapables, leur choisir un administrateur.

C'est ce qu'a fait le Code civil en matière d'absence et pour le cas d'interdiction, au moins pour l'administrateur provisoire de l'article 497 ; c'est ce que ne pouvait manquer de faire la loi de 1838.

On fut amené ainsi à supprimer tout système d'administration légale pour les individus placés dans les établissements privés ; en ce qui les concerne, on se contenta d'ouvrir une demande en nomination d'un administrateur judiciaire. C'était là déjà une innovation considérable. On pensait que les familles aisées, dont un des membres serait ainsi placé dans une maison d'aliénés, ne manqueraient pas, au point de vue de l'administration des biens, de faire régulariser l'état de choses antérieur en demandant un administrateur judiciaire. Presque toujours, en effet, le tribunal n'aurait qu'à confirmer les pouvoirs que se serait attribués celui des membres de sa famille qui soignait l'aliéné avant son placement.

Voilà comment s'explique l'organisation différente admise suivant les établissements. Cette distinction devait correspondre, en fait, à des différences de classes.

Le système consacré par la loi de 1838 s'analyse donc ainsi : pour les établissements publics, administration légale forcée au profit des commissions administratives ; pour les établissements privés, administration judiciaire purement facultative.

A la Chambre des pairs, on avait demandé que, passé un certain délai après le placement, la nomination d'un administrateur judiciaire pour les individus placés dans les établissements privés cessât d'être facultative et fût imposée par la loi. Un amendement avait été déposé en ce sens. Le comte Portalis, qui en était l'auteur, en le développant à la tribune, avait déclaré inadmissible le maintien indéfini, quant aux biens de la personne placée dans un établissement privé, d'une administration inorganisée et non réglementée, laissée en quelque façon au hasard de la bonne volonté familiale. Il était nécessaire après un délai de trois mois, depuis le placement, que la loi intervînt pour imposer un système régulier et légal et exiger la nomination d'un administrateur (1). Après une discussion sérieuse, au cours de laquelle le ministre de la justice fit valoir la répugnance des familles, à l'égard de toute mesure

---

1. *Loc. cit.*, p. 83 et s.

pouvant rendre public un malheur que d'ordinaire elles veulent tenir caché, et l'inconvénient grave qu'il y aurait à imposer cette exigence à délai fixe, lorsque peut-être la guérison est proche et que l'on peut déjà la pressentir, l'amendement fut repoussé : le principe d'une administration judiciaire purement facultative fut maintenu pour les individus placés dans les établissements privés (1).

§ 2. — Pouvoirs de l'administrateur provisoire (2)

On n'avait pas abandonné l'idée de parvenir à l'interdiction ; on voulait même que celle-ci restât encore, conformément au Code civil, la situation normale et définitive, lorsque l'aliénation se prolonge ou devient incurable. De là les pouvoirs très restreints, limités au strict indispensable, qu'on allait attribuer à l'administrateur provisoire, qu'il fût légal ou judiciaire.

On ne se préoccupait guère des difficultés que l'insuffisance de ces pouvoirs devait fatalement amener. On y voyait au contraire un moyen détourné de contraindre au dépôt d'une demande en interdiction. Aussi, lorsqu'il devenait nécessaire de procéder à un

---

1. *Loc. cit.*, p. 120.
2. Loi de 1838, art. 31.

acte ne rentrant pas dans les attributions d'un administrateur provisoire, s'était-on bien gardé d'établir une autorité, fût-elle judiciaire, qui eût charge de suppléer à l'insuffisance du mandat légal et de rendre l'acte possible en l'autorisant.

Toutefois le projet voté en première lecture à la Chambre des députés s'en était tenu à une réglementation des plus sommaires. Il indiquait seulement qu'on pourrait demander la nomination d'un administrateur judiciaire, mais sans rien spécifier relativement aux pouvoirs qui lui seraient attribués. On se référait pour toute cette matière aux dispositions de l'article 113 du Code civil, concernant le présumé absent et la faculté de commettre un notaire pour le représenter dans les comptes, partages et liquidations dans lesquels il serait intéressé. Il ressortait de là que, dans la pensée des auteurs du projet, l'administrateur provisoire n'aurait pas été investi de plein droit de ces pouvoirs de représentation. Pour le reste on s'en remettait au droit commun, à l'article 497 du Code civil (1).

Après le rapport complémentaire du marquis Barthélemy on se rendit compte enfin à la Chambre des pairs qu'une telle réglementation était par trop vague et insuffisante. On entrevit que ce provisoire pourrait

---

1. *Loc. cit.*, II, p. 61.

bien, le plus souvent, se prolonger jusqu'à devenir en fait définitif (1), sans qu'à aucun moment l'interdiction fût prononcée.

Ce provisoire il était donc urgent de l'organiser ; il fallait donner à l'administrateur des pouvoirs précis, lui faire une situation nette, tenant le milieu, en quelque sorte, entre l'administrateur de l'article 497, dont les pouvoirs ne sont pas définis, et le tuteur de l'interdit qui, sous les conditions de contrôle et suivant les formalités établies par la loi dispose presque de pleins pouvoirs de représentation.

On précisa donc certains actes d'administration courante que l'administrateur pourrait faire, en vertu des pouvoirs qui lui étaient conférés par la loi ; recouvrement des créances, paiement des dettes, passation des baux qui n'excèderaient pas une durée de trois années, enfin vente du mobilier de l'aliéné avec l'autorisation du président du tribunal (2) (article 31).

Quant aux actes judiciaires on montrait plus de défiance. Volontiers on proposait qu'il fût permis au

---

1. *Loc. cit.*, II, p. 344 et suiv. et III, p. 36 et suiv.

2. La loi n'a pas dit quel est le président compétent, celui du domicile du malade ou celui de l'arrondissement où l'établissement est situé. — Les commentateurs de la loi pensent généralement que c'est le président du domicile, comme en matière de succession de minorité et d'interdiction.

tribunal d'autoriser l'administrateur provisoire à défendre à une action en justice; on n'entendait pas, sauf le cas d'urgence, qu'il pût être admis à former lui-même une demande (1).

Pourtant il parut inadmissible qu'on fût contraint, pour introduire une demande en justice, de commencer par faire prononcer l'interdiction. Un pareil système eût entraîné trop de lenteurs. Aussi fut-il admis que, dans tous les cas, le tribunal, sur la demande de l'administrateur provisoire, aurait toujours la faculté de nommer un mandataire *ad litem*, qui pourrait être, du reste, l'administrateur lui-même (2). Enfin, lorsqu'il s'agissait, non plus de défendre à une action, mais de l'intenter, on maintenait, comme principe théorique, la nécessité de l'urgence. C'était une indication donnée au juge, plutôt qu'une règle impérative susceptible d'application très précise. Il est probable, en effet, que dans tous les cas où, faute d'urgence absolue, on croirait devoir imposer l'interdiction préalable, le surcroît de délai qui dût en résulter suffirait à constituer une urgence au

---

1. *Loc. cit.*, III, p. 40-41.

2. Loi de 1838, art. 33. — Il résulte de cet article que l'administration provisoire n'emporte pas de plein droit le pouvoir de représenter l'aliéné en justice, il faut pour cela un pouvoir spécial qui peut être joint à celui d'administrateur provisoire, lorsqu'il s'agit d'intenter une action au nom de l'aliéné, mais qui en est nécessairement séparé lorsqu'il s'agit de défendre à une action dirigée contre l'aliéné.

moins relative, de nature à justifier la nomination d'un madataire spécial, et pour laquelle l'appréciation du tribunal restait réservée.

Ainsi se dessinait déjà le système définitif d'une pluralité d'organes constitués en vue de l'administration des biens. A côté des deux principaux, l'un qui sera la règle, l'administrateur provisoire, l'autre qui n'apparaît qu'à titre exceptionnel, pour certains cas spéciaux, le mandataire *ad litem*, la Chambre des pairs devait encore en introduire un autre, inspiré d'une institution anglaise, et dont on attendait beaucoup : le curateur à la personne (1).

On était d'accord pour reconnaître qu'entre la situation de l'aliéné et celle du mineur l'analogie n'est qu'apparente. Alors que les pouvoirs du tuteur prennent nécessairement fin à l'arrivée de la majorité, ceux de l'administrateur au contraire peuvent, au cas de folie incurable, se prolonger jusqu'au décès de l'aliéné. En outre, quand le mineur approche de sa majorité, il peut surveiller lui-même l'emploi de ses revenus et formuler certaines exigences. L'aliéné est le plus souvent incapable de veiller même aux soins de sa personne ; en tout cas, ferait-il des réclamations qu'il n'est pas armé pour les faire triompher. Et cependant ne peut-on pas

____

1. Loi de 1838, art. 38.

redouter, surtout quand son état devient incurable, que sa propre famille en arrive à se désintéresser de lui, à envisager ses biens comme une succession qui serait déjà ouverte ? Alors même que ses futurs héritiers n'iraient pas jusqu'à disposer à leur profit personnel de l'excédent des revenus, ne seront-ils pas tentés de les capitaliser et de les placer pour accroître une fortune qui ne peut plus leur échapper ? Si donc l'administrateur est choisi parmi les héritiers éventuels, n'y a-t-il pas lieu d'instituer à côté de lui une surveillance et un contrôle plus actif, moins intermittent que ne pourrait l'être celui du tribunal ? Il faut quelqu'un qui soit le défenseur légal de la personne et qui veille à ce que les revenus soient, avant tout, employés à procurer à l'aliéné un traitement convenable et une installation en rapport avec son état de fortune. Car la famille n'est que trop souvent tentée, à mesure que la démence se prolonge de réduire le prix de la pension, sans que cependant les revenus aient diminué.

Un autre danger était à craindre ; c'est que si l'administrateur tire quelque profit de sa gestion, il ne manifeste pas une hâte suffisante pour réclamer la sortie toutes les fois que la guérison est obtenue, ou quand l'état du malade s'est tellement amélioré qu'on peut considérer sa guérison comme acquise.

A ce double point de vue il fallait un surveillant qui fût, à ce titre spécial et pour cette fonction spé-

ciale, ce qu'est le subrogé tuteur en face du tuteur, —
avec cette différence que l'objet de cette curatelle
serait nettement précisé par ce double but : veiller
à l'observation des prescriptions de la loi relatives à
l'emploi des revenus ; rendre l'administrateur plus
diligent à réclamer la sortie toutes les fois que l'état
du malade justifie pareille mesure.

Une semblable institution avait rendu les plus
grands services en Angleterre, où elle est un des
rouages essentiels du système de protection établi en
faveur des aliénés. La Chambre des pairs fondait sur
elle les plus grandes espérances (1) ; mais c'était
peut-être attendre beaucoup de nos mœurs. C'est une
fonction peu enviable que celle du curateur à la personne si elle est consciencieusement, courageuse-
ment remplie. Pas de rôle plus ingrat, qui exige une
plus grande abnégation de la part de celui qui en
est chargé, ni qui attire plus d'inimitiés sur sa tête.
Le Français semblait peu préparé à assumer un pareil
rôle, généralement dévolu à une autorité publique,
et considéré chez nous comme une fonction d'État.
Peut-être aurait-on été plus fondé à compter sur le
zèle d'une collectivité, dont les décisions sont ano-
nymes et où la responsabilité de chacun en particulier reste dissimulée. Compter sur une telle force

---

1. *Loc. cit.*, II, p. 346.

d'âme de la part d'un individu isolé, c'était sans sans doute aller au-devant d'une désillusion, en tout cas c'était attendre beaucoup d'une éducation des mœurs qui restait à faire.

Quoi qu'il en soit, ce rouage fut introduit à côté des deux autres, et ainsi se trouva formée la « trinité d'organes » qui est comme l'une des caractéristiques de la loi de 1838.

§ 3. — Durée de l'administration provisoire (1)

Quant à la durée de l'administration provisoire, un premier point certain, et qui devait constituer une différence essentielle avec la tutelle organisée en matière d'interdiction, c'est que l'administration, et par suite les pouvoirs de l'administrateur, devaient cesser de plein droit par le seul fait de la sortie de l'aliéné, sans qu'il fût besoin d'un jugement de main-levée.

Mais qu'allait-il advenir au cas si fréquent d'un placement qui se prolonge indéfiniment ? Ici plusieurs partis se présentaient. Ce provisoire, organisé comme tel par la loi, on aurait pu l'établir à titre définitif. Ou bien la loi aurait pu intervenir pour imposer à un certain moment une administration

---

1. Loi de 1838, art. 37.

permanente analogue à celle qui résulte de l'interdiction. Après une période d'attente, période de
doute durant laquelle on peut encore escompter la
guérison, il eût été possible d'admettre une période
nouvelle, répondant à un état définitif, impliquant
une déclaration d'aliénation comme il y a une déclaration d'absence. Au reste, elle existait dans le Code
civil cette déclaration d'aliénation ; c'était par le
jugement d'interdiction lui-même qu'elle était faite.
N'aurait-on pas dû, après un délai d'attente fixé par
la loi, sinon convertir de plein droit l'administration
provisoire en une sorte de tutelle analogue à celle
qui résulte de l'interdiction, tout au moins rendre
obligatoire l'ouverture d'une procédure en interdiction ? Ce système assurément logique, avait trouvé
des défenseurs à la commission de la Chambre des
pairs (1). Le délai d'un an qu'on avait proposé était
certes trop court ; on eût pu l'augmenter : qu'elle
qu'eût été la longueur du délai le principe fût resté
intact. Mais c'est le principe lui-même qu'on se refusa
à admettre. L'interdiction ne fut donc point imposée
après un délai légalement déterminé. Toutefois il parut
nécessaire d'obliger à échéances fixes les familles à
se poser elles-mêmes la question et à revenir devant
les tribunaux discuter les intérêts de l'aliéné. Un

---

1. *Loc. cit.*, III, p. 37 et Cf., p. 115.

amendement présenté à la Chambre des pairs demanda qu'après un certain délai, fixé d'abord à deux ans, puis à trois l'administration dût cesser de plein droit, de telle sorte que, pour la renouveler, il dût falloir une nouvelle nomination faite par le tribunal (1). Par là on espérait que les familles, au lieu de demander le renouvellement pur et simple de l'état de choses antérieur, provoqueraient d'elles-mêmes l'interdiction, ou que, tout au moins, s'il y avait lieu de perpétuer les pouvoirs de l'administrateur provisoire, on obligerait celui-ci à rendre des comptes. On acceptait donc de conduire indirectement à l'interdiction, on ne voulait pas l'imposer. Un autre procédé indirect avait aussi été admis pour forcer la main à l'administrateur. Il consistait à restreindre ses pouvoirs, en sorte qu'il fût impossible d'accomplir tout acte un peu important : emprunt à réaliser pour des réparations à un immeuble, ou même une acceptation de succession (2).

Ainsi donc tout le système de la loi de 1838 s'orientait vers l'interdiction. Mais n'osant l'imposer expressément, on avait cherché, par des moyens détournés, à réduire les familles à la demander d'elles-mêmes.

---

1. *Loc. cit.*, III, p. 144.
2. *Loc. cit.*, III, p. 309-310.

SECTION II.

Capacité civile de la personne internée.

L'internement qui n'est qu'un moyen de procurer à l'aliéné un traitement plus convenable que celui qu'il pourrait recevoir à son domicile, et quelquefois aussi une mesure de précaution contre des actes de fureur ou d'extravagance, devrait logiquement rester sans effet sur la capacité juridique de l'individu. Le simple fait du placement dans un asile d'aliénés ne devrait pas plus modifier sa capacité que le transport d'un malade ordinaire à l'hôpital. Mais la logique a dû céder le pas devant l'impérieuse nécessité d'atteindre à ce double objectif: protéger l'insensé contre les actes juridiques irréfléchis qu'il pourrait consentir, assurer en même temps l'application rapide du traitement.

§ 1. — Les travaux préparatoires.

Tout comme l'administration des biens instituée par la loi de 1838, l'incapacité qui résulte de cette loi pour la personne internée n'a qu'un caractère provisoire.

La personne internée venait d'être en partie dessaisie de son patrimoine. Ce dessaisissement partiel qu'elle avait subi, allait-il, — en attendant une interdiction, rendue d'ailleurs assez problématique, — porter atteinte à sa capacité civile ?

L'article 504 du Code civil défendait aux héritiers d'une personne dont l'interdiction n'aurait été ni prononcée, ni provoquée, d'attaquer ses actes pour cause de démence, à moins que la preuve de la démence ne ressortît de l'acte lui-même. C'est à cette règle que, dans le projet primitif de la loi de 1838, il avait été question de faire exception. En 1804, on avait visé à protéger les résultats de l'activité libre et normale d'un individu, qui n'est plus là, pour se défendre, contre les allégations et les entreprises de ses héritiers ; en même temps on avait voulu protéger les tiers avec lesquels cet individu avait contracté. — Si les héritiers contestent la validité d'un acte comme émanant d'un aliéné, que ne l'ont-ils de son vivant protégé contre lui-même en provoquant son interdiction. Leur inaction crée donc en faveur du défunt une présomption légale de capacité. Et cette présomption ne peut céder que devant une preuve de démence résultant des dispositions mêmes de l'acte attaqué. Les auteurs du projet de loi pensèrent avec raison que cette présomption, tout à l'inverse, devait céder lorsque ce même individu, sans que son interdiction eût été prononcée ni provoquée, aurait été placé dans un établissement d'aliénés.

Ici d'ailleurs on ne serait plus fondé à reprocher

aux héritiers de n'avoir rien fait pour protéger le mort contre sa propre folie ; et quant aux tiers, sauf le cas de fraude, il devenait difficile qu'ils en fussent à ignorer la situation de l'individu ainsi interné. Pour tout internement il y a une publicité de fait qui doit suffire à les avertir. On est en droit de penser qu'ils ont sciemment couru les risques. — N'y ayant plus de raison d'interdire l'action en nullité aux héritiers, il fallait revenir au droit commun.

Il ne s'agissait nullement de renverser la présomption, d'établir une présomption d'incapacité résultant du seul fait du placement. L'acte ne serait point présumé nul pour incapacité, sauf la preuve d'un intervalle lucide. On se contentait de restituer aux héritiers l'action en nullité que l'article 504 leur enlevait : ils auraient désormais le droit d'attaquer l'acte ; par conséquent, malgré le placement opéré, il leur faudrait encore prouver la démence (1).

Tel était le système auquel s'était ralliée la Chambre des députés.

Des débats confus de la Chambre des pairs devaient obscurcir cette claire notion. Le projet n'accordait le droit d'attaquer l'acte pour cause de démence qu'aux héritiers. On fut surpris qu'il gardât le silence sur le cas où l'aliéné lui-même, sorti de l'établissement

---

1. Cf. Discours de Dufaure. *Loc. cit.*, II, p. 284 et suiv.

où il était interné, et guéri, voudrait intenter l'action en nullité. Ce qui était admis pour les héritiers, ne devait-il pas l'être, à plus forte raison, pour l'intéressé lui-même ? Et la preuve étant faite que l'acte avait été passé alors que l'aliéné était encore sous le coup d'un placement régulier, pourquoi n'avoir pas ouvert l'action en nullité, d'une façon impersonnelle, soit à l'aliéné, soit à ses héritiers ? Au point de vue strict des principes une pareille extension du premier projet apparaît pour le moins comme inutile. Il ne fait pas doute, en effet, quoi qu'en ait dit le marquis Barthélemy (1), que, de droit commun, l'aliéné revenu à la raison aurait toujours pu de son vivant attaquer l'acte. La question de capacité est primée par une autre, celle du consentement, qui se pose tout d'abord et qu'on a toujours le droit de faire valoir. Une personne privée de raison, qui a passé un acte dans un moment d'inconscience, est toujours admise à prouver l'absence de consentement. La démence fait présumer que cette personne est hors d'état d'avoir une volonté juridiquement efficace sur un sujet quelconque ; et en cela elle constitue un état d'incapacité de fait. Quiconque prétend avoir été aliéné peut donc toujours se prévaloir de cette incapacité physiologique pour attaquer

---

1. *Loc. cit.*, II, p. 348.

les actes qu'elle a viciés. La preuve en résulte avec évidence de l'article 504 lui-même (1) : car si l'action en nullité est refusée aux héritiers, c'est donc que, de droit commun, elle leur eût appartenu du chef du défunt et qu'ils auraient dû pouvoir l'intenter aux lieu et place de leur auteur, comme représentants de ses droits, comme ses succcesseurs à titre universel. Par exception aux principes du droit commun le Code Civil enlève ce droit aux héritiers de l'aliéné, mais ne l'enlève pas à l'aliéné lui-même.

Tel était donc le droit commun consacré par le Code civil.

La discussion si obscure qui suivit le rapport du marquis Barthélemy à la Chambre des pairs eut son point de départ dans une erreur de principe ; elle reposait sur une fausse interprétation des textes.

On partit de cette idée qu'en restituant à l'aliéné lui-même le droit d'attaquer l'acte de son vivant, on faisait autre chose que confirmer le droit commun, qu'on l'élargissait et qu'on étendait l'action en nullité au delà des limites qu'avait admises le Code civil. Et, dès lors, la confusion ne fit que grandir.

C'est un fait d'observation commune que les doubles emplois en matière législative joignent à leur inutilité ce grave inconvénient que, faute de vouloir

---

1. Cf. AUBRY ET RAU, t. I, p. 810, § 127, vol. 12.

admettre l'inutilité d'un texte, on cherche à l'inter-
préter comme une exception aux principes. C'est ce
qui devait se produire ici. Mais, l'exception ne pouvait plus se trouver dans le fait d'accorder à l'aliéné
le droit de prouver sa folie — puisque ce droit l'aliéné
le tenait déjà du Code civil ; — elle allait se trouver
dans un renversement de la preuve et, par suite,
dans une véritable présomption d'incapacité résultant du seul fait du placement, sauf admissibilité de
la preuve contraire. Au texte proposé par la Commission de la Chambre des pairs : « Les actes faits
« par une personne placée dans un établissement
« d'aliénés, pendant le temps qu'elle y aura été
« enfermée sans que son interdiction ait été pronon-
« cée ou provoquée, pourront être attaqués pour
« cause de démence (1) », on opposa sous forme
d'amendement une autre rédaction. Cet amendement (2), présenté par M. Laplagne-Barris, ne tendait
à rien moins qu'au renversement de la présomption
établie en faveur de la capacité, et, par conséquent, au déplacement du fardeau de la preuve. Son

---

1. Loi de 1838, article 39.

2. Il était ainsi conçu : « Les actes faits par un individu placé dans
« un établissement d'aliénés, pendant le temps qu'il y aura été détenu
« seront nuls, sauf toutefois, à la partie à laquelle la nullité sera
« opposée de prouver que cet individu était sain d'esprit au moment
« où l'acte a été passé. » (Loc. cit., III, p. 131 et suiv.)

DELAFARGE 7

auteur le justifiait ainsi : d'après le système de la Commission, l'aliéné ou ses héritiers qui réclameraient l'annulation d'un acte devraient toujours prouver deux choses : d'abord l'internement ; en second lieu, la folie au moment de l'acte. Pour le premier point sans doute la chose était facile, mais il n'en allait pas de même pour le second. Il serait toujours malaisé de prouver la démence au moment de la passation de l'acte ; en outre, il serait souvent pénible de révéler au public le genre de folie dont l'individu interné se trouvait atteint.

L'amendement Laplagne-Barris fut attaqué de tous côtés : son adoption eût été, disait-on, le renversement de tous les principes, une atteinte au Code civil lui-même. Une présomption d'incapacité ne pouvait résulter que d'une constatation judiciaire, d'un jugement ; il fallait, par suite, que l'interdiction eût été prononcée. Tout ce qu'on pouvait faire c'était de restituer à l'aliéné et à ses héritiers le droit de faire la preuve de la démence. Et on revenait sur cette idée que, d'après le Code civil, ce droit aurait été refusé à l'aliéné lui-même.

Au point de vue des faits, voici comment on répondait aux arguments de M. Laplagne-Barris : pour l'aliéné qui avait été placé dans un asile, la preuve de la démence, fût-ce même de la démence au moment de l'acte, apparaissait comme relativement facile, tandis que, si eût été admise la présomption d'incapacité sauf preuve contraire, qu'on proposait d'introduire dans la loi, la charge imposée au défendeur, — c'est-à-dire en l'espèce, au tiers qui aurait contracté avec ce prétendu incapable, — eût été d'une difficulté pratique presque insurmontable. Il était plus aisé de prouver la folie que de démontrer la sanité d'esprit. Établir que le prétendu aliéné avait contracté dans un intervalle de raison constituait, disait-on, une preuve impossible ; de sorte que la présomption de fait proposée apparaissait comme l'équivalent de la présomption de droit de l'article 502 du Code civil, telle qu'elle résulte de l'interdiction. Celle-ci, en effet, ne comportait pas la preuve d'un « intervalle lucide »; il en eût sans doute été différemment de la présomption que proposait l'amendement. Mais, cette preuve d'un moment de lucidité étant déclarée impraticable, la situation juridique devenait, en fait, la même et l'adoption de l'amendement aurait eu pour conséquence qu'un individu eût été frappé d'interdiction, sans jugement, par le seul fait d'un acte administratif (1).

Le ministre de la Justice fit valoir, en outre, l'intérêt des tiers : comme, d'après la loi l'internement avait lieu sans aucune mesure de publicité, si l'on admettait le principe de la nullité pour tous les

---

1. Cf. *Loc. cit.*, III, p. 137 et suiv.

autres actes passés par l'individu séquestré, il en résulterait nécessairement pour les tiers un grave préjudice et d'injustes lésions. Le marquis Barthélemy parla dans le même sens et l'amendement fut repoussé.

On se contenta donc de « restituer » l'action en en nullité à l'aliéné. Et, ce faisant, on avait la conviction si ferme d'innover que, lorsque le projet était revenu devant la Chambre des députés, la Commission avait proposé qu'après un an passé sans que l'action ainsi accordée à l'aliéné eût été exercée par lui, il ne fût plus admis à l'intenter (1).

C'était là une atténuation considérable au système pratiquement inacceptable du Code civil qui, durant une longue période de dix ans à partir du jugement de mainlevée ou de la mort de l'aliéné, laisse les tiers dans une situation incertaine et précaire, sous la menace permanente d'une demande en nullité.

Ce qui prouve bien qu'on avait cru introduire un droit nouveau en faveur de l'individu sortant d'un établissement d'aliénés, c'est précisément cette limitation à un délai très court de l'intervalle de temps durant lequel son action serait recevable. Il paraît évident, en effet, si l'on s'était rendu compte qu'il

---

1. *Loc. cit.*, III, p. 189 et 337. — Le délai ne devait partir que de la signification faite à l'aliéné de l'acte passé par lui, et la signification n'avoir lieu, bien entendu, qu'après sa sortie de l'asile.

s'agissait uniquement de confirmer une règle de droit commun, qu'on ne se serait pas cru le droit, en ce qui touche l'individu qui a été enfermé comme fou, d'introduire contre lui une disposition qui, contrairement à tous les principes du droit commun, limitait dans de telles proportions le délai qui jusque-là lui avait été imparti pour agir.

C'est ce qu'on fit remarquer d'ailleurs au cours de la discussion (1). Partant de cette idée que l'action ainsi accordée à l'aliéné était, non pas une action en nullité absolue pour défaut de consentement, mais une action en nullité relative pour incapacité, l'application pure et simple de la prescription décennale de l'article 1304, admise en matière d'incapacité, fut demandée et décidée (2).

---

1. *Loc. cit.*, p. 338 et suiv.

2. Il faut noter toutefois que le point de départ n'en est pas le même que pour la prescription de l'art. 502 C. Civ. Lorsque l'interdiction a été prononcée, la prescription commence à courir du jugement de mainlevée ou de la mort de l'interdit. Dix ans après la mort la nullité ne peut plus être invoquée par voie d'action, ni même, suivant l'opinion la plus courante, par voie d'exception ; ce qui fait, par exemple, qu'un héritier pourra parfaitement se voir demander, onze ans après la mort de l'interdit, l'exécution d'un engagement pris par celui-ci pendant sa démence et à l'insu de tout le monde. Aux termes de l'art. 39 de la loi, la prescription, ou l'a vu, ne court contre l'aliéné que du jour de la signification qui lui a été faite ou de la connaissance qu'il a eue de l'acte après sa sortie définitive —, contre les héritiers, que de la signification qui leur en a été faite ou de la connaissance qu'ils en ont eue après la mort de l'aliéné.

Et c'est ainsi que, de cette discussion obscure et embrouillée, de cette confusion de tous les principes, sortit la rédaction définitive de l'article 39, qui donne aux tribunaux la faculté d'annuler, sur leur appréciation, les actes faits par un individu placé dans un établissement d'aliénés, — qui met ainsi la preuve de la démence à la charge de l'aliéné et qui considère la nullité, non comme une nullité absolue résultant du défaut de consentement, mais comme une simple nullité relative résultant de l'incapacité.

§ 2. — Le Code civil et la loi de 1838 (1).

Rien n'est plus difficile, dans l'état actuel des textes, que de déterminer, au point de vue de la capacité civile, la situation juridique des individus soupçonnés d'aliénation. De nombreuses distinctions doivent être faites quant aux actes ainsi rendus suspects pour cause de démence : actes passés antérieurement à l'interdiction, actes accomplis durant l'interdiction ; actes d'un individu qui n'a été ni interdit ni interné ; enfin ceux de l'individu non interdit, mais placé dans un asile. Et encore y aurait-il lieu

---

1. Cf. R. Saleilles. Rapport à la Société d'Études Législatives. (*Bull. Soc. Et. Lég* 1904) ; et P.-F. Girard. *La Revision des lois sur les aliénés*. Paris, 1883.

de distinguer ceux qui sont attaqués pour cause d'inconscience, — ce qui équivaudrait à l'absence absolue de consentement et, par suite, à une nullité absolue fondée sur l'article 1108 du Code civil, — et ceux qui sont attaqués en se fondant, non plus sur le défaut de volonté au moment de l'acte, mais sur un état général de démence, ce qui donne lieu à une simple nullité relative pour incapacité.

A). — *Actes passés pendant l'interdiction.* — (*Incapacité de droit*). — On a pu soutenir qu'une fois le jugement d'interdiction prononcé, l'incapacité de droit continue, qui en résulte, se superpose à l'incapacité de fait, qui elle résulte de l'état mental et qui est souvent intermittente ; en sorte que la preuve de l'inconscience ne serait pas permise. Ainsi l'action en nullité pour défaut de consentement, lorsque ce défaut de consentement proviendrait de la démence, se trouverait en quelque sorte englobée dans l'action en nullité pour incapacité et identifiée avec elle (1). Plus de nullité absolue, une simple nullité relative, mais une nullité de droit, c'est-à-dire une nullité qui sera de droit quand elle sera demandée et qui devra être prononcée sur le vu d'une expédition du jugement d'interdiction, sans qu'il y ait à s'enquérir de l'état d'esprit de l'interdit au jour où l'acte a été fait.

---

1. Cf. M. PLANIOL, *Traité élémentaire de droit civil*, t. I, n° 2.633 .

Il en serait de même, bien entendu, de l'action en nullité pour cause de démence refusée aux héritiers par l'article 504 du Code civil. Si pratiquement on a voulu aboutir à un résultat utile, il a fallu sur ce point encore identifier l'action en nullité pour incapacité avec l'action en nullité pour défaut de consentement, tout au moins si ce défaut de consentement devait résulter de la démence. L'une et l'autre action sont refusées aux héritiers.

Il n'en serait plus de même vraisemblablement, si le défaut de consentement, tel qu'il est allégué, devait résulter d'un état de fait passager, non pathologique, tel que l'ivresse, et non plus de la démence. L'article 1108 retrouverait ici son application.

On pourrait soutenir d'ailleurs que, même au cas d'interdiction, si l'on était parvenu à prouver l'état d'ivresse au moment de l'acte, une action en nullité absolue pour défaut de consentement, en dehors de l'action pour incapacité fondée sur l'article 502 du Code civil, resterait possible. Mais cette solution, qui est contestée, reste douteuse.

B). — *Actes passés en dehors de l'interdiction.* — (*Incapacité de fait*). — C'est surtout quand il s'agit d'actes passés en dehors de l'interdiction qu'on a quelque peine, non seulement à reconstituer le droit commun, mais à lui donner même une formule.

Il ne peut plus être question ici d'éluder l'application de l'article 1108 du Code civil, quand il s'agit de situations pour lesquelles la loi n'a édifié aucun système de présomption légale. Tout intéressé doit avoir le droit d'établir qu'au moment même où l'acte était passé le consentement faisait défaut, non seulement à raison d'un état pathologique qui lui enlève sa valeur juridique, mais à raison d'un état de fait qui constitue l'inconscience. C'est le cas de l'ivresse ; ce peut être aussi celui de la démence.

Mais trop souvent on confond inconscience et démence, défaut de consentement et incapacité de fait. Sans doute, le plus souvent, lorsqu'il y aura démence démontrée au moment de l'acte, il y aura absence de consentement ; mais on aurait tort de dire qu'il en sera toujours ainsi et que la démence entraîne nécessairement l'absence de consentement. Il arrive fréquemment qu'en dehors des moments de crise ou de fureur l'aliéné raisonne comme un homme normal (1). Le plus souvent, l'accomplissement d'un acte de la vie courante ne met en cause aucune de

---

1. C'est ce qui a lieu notamment dans cette forme d'aliénation mentale qu'Esquirol a appelée « monomanie raisonnante », dénomination qui renferme en réalité tant de délires divers, où le malade conserve un jugement sain et une grande habileté de raisonnement, sauf pour tout ce qui touche à l'objet précis de son délire.

2. Il en pourrait être de même d'un acte à titre gratuit. Mais dans cette étude le testament et la donation sont hors de cause ; car ils obéissent à des règles d'interprétation, fondées sur l'art. 901 C. civ., règles qui échappent à toutes les catégories des art. 502, 503 et 504 C. civ.

ses idées délirantes, aucune de ses obsessions, et ce sont alors ses facultés mentales restées saines qui seules y participent. L'aliéné va faire un acte à titre onéreux (2), vente ou bail, par exemple, qui auront réalisé un travail cérébral aussi normal et aussi régulier que s'il se fût agi d'un acte fait par un homme dans l'intégrité de sa raison. Il ne suffirait pas de prétendre, parce qu'en soi l'acte a les apparences d'un acte sensé et même d'un acte conforme aux règles d'une bonne administration, qu'un acte de ce genre ait impliqué un fonctionnement normal de la raison. Car, si sensé qu'il soit, il peut avoir subi l'influence des idées fixes qui constituent l'état de déraison de celui qui l'a fait. On cite cet exemple d'un achat d'immeubles, qui soit un marché excellent et un placement de capitaux très avantageux, et qui, pourtant, ait été fait par un malade s'imaginant descendre d'une famille noble du pays et croyant ainsi racheter les terres seigneuriales de ses ancêtres. Pour être certain que l'état pathologique de l'agent a été sans influence sur l'acte, il serait nécessaire d'établir qu'aucun des mobiles qui ont concouru à la volition ne se rattachait aux idées constitutives de l'état de folie.

Si donc cette preuve de déraison dans l'acte est établie, — et d'une part, elle peut être établie alors même que l'acte lui-même est parfaitement sensé et, d'autre part, il ne suffit pas pour l'établir d'un état pathologique de démence, — il y a bien défaut absolu de consentement. En conséquence, on est toujours admis, en vertu du droit commun à démontrer ce défaut de consentement, tout au moins dans les cas où cette preuve n'est pas absorbée par l'admission d'une présomption générale d'incapacité. C'est alors qu'il est vrai de dire qu'il y a défaut de consentement résultant de la démence. Mais c'est là une preuve si difficile, impliquant une analyse psychologique tellement délicate et incertaine, que, le plus souvent, elle est impossible à faire. Peut-être même vaudrait-il mieux pour la sécurité du droit qu'elle fût toujours interdite.

Aussi, à côté de cette cause de nullité, résultant du défaut absolu de consentement, la loi en a établi une autre résultant de l'incapacité ; et cela doit s'entendre de l'incapacité de fait, avant qu'il y ait lieu de parler de l'incapacité de droit.

L'incapacité n'est plus un état spécialisé, propre à un acte en particulier et visant le consentement donné à propos d'un acte déterminé ; c'est un état général dérivant de la condition mentale de l'agent pendant une période donnée. Cette condition rend suspects tous ses actes et, par elle-même, fait présumer l'absence de consentement, sans en fournir pour chaque acte la preuve particulière.

Et c'est parce qu'elle ne fournit qu'une présomption, et non une preuve, qu'elle ne donne jamais

lieu qu'à une nullité relative (1), au lieu de la nullité absolue qu'engendre l'absence de consentement.

La démence n'étant jamais à elle seule qu'un état
d'incapacité, si on se contente de prouver la démence
on n'aura jamais prouvé qu'un état d'incapacité, c'est-
à-dire qu'en définitive, on n'aura établi, quant au
défaut de consentement, qu'une simple présomption.
Pour faire la preuve de ce défaut absolu de consentement il serait nécessaire d'établir, en outre, la rela-
tion entre les mobiles inspirateurs de l'acte et les
idées délirantes qui révèlent chez l'agent le déséqui-
libre mental.

La démence à elle seule ne crée donc qu'une incapacité. Mais, pour la sécurité des relations juridiques, la loi exige la capacité des parties au même
degré que l'intégrité du consentement (1). Si, quant
à la nature de l'action en nullité, le caractère de la
sanction diffère, l'exigence de cette condition ne peut
être contestée.

C'est donc uniquement sur la question de la
folie, entendue d'un état d'incapacité de fait, qu'il
importe de fixer les règles du droit commun, laissant de côté tout ce qui a trait au défaut de consentement.

---

1. Art. 1123-1125 C. civ.
2. Art. 1108 C. civ.

Or, il ne fait pas doute que l'action en nullité pour incapacité appartient à tout individu qui, alors même qu'il n'aurait pas été interdit, s'est trouvé, au moment de l'acte, dans un état d'incapacité naturelle. Cet individu a le droit d'établir qu'il était en état de démence lorsqu'il a contracté, sans que l'action qu'il exerce à ce sujet soit une action fondée sur le défaut de consentement. C'est simplement son état d'incapacité qu'il fait valoir. La confusion entre ces deux actions a été constamment faite au cours de la discussion de la loi de 1838. C'est ainsi notamment qu'on invoquait le droit commun de l'article 1108, — et l'on entendait par là l'exigence du consentement, — en même temps qu'on demandait l'application de la prescription décennale de l'article 1304, laquelle ne vise que les cas d'incapacité (1).

Cette incapacité de fait qu'invoque l'individu alléguant son état antérieur de démence, l'article 504 prouve que le Code civil l'a implicitement reconnue : s'il refuse aux héritiers de l'aliéné le droit d'alléguer la folie, — c'est-à-dire l'incapacité de fait de leur auteur, — c'est donc que l'aliéné lui-même, de son vivant, aurait pu, après guérison, invoquer ce même état d'incapacité et agir en nullité. C'est ce qu'on a entièrement méconnu en 1838.

---

1. *Loc. cit.*, III, p. 338 et suiv.

Mais à quelles conditions l'incapacité de fait peut-elle servir de fondement à la nullité ? De toutes façons, qu'il s'agisse d'une incapacité de droit ou même d'une incapacité de fait, il n'est jamais question que d'une présomption juridique. On conçoit donc qu'en ce qui concerne les conditions différentes d'admissibilité d'un état d'incapacité, il puisse y avoir des degrés et des catégories diverses. Car on peut se montrer plus ou moins facile pour l'établissement d'une présomption juridique.

Sur ce point et à cet égard le droit français distingue quatre classes d'incapacités suivant qu'il s'agit d'actes accomplis durant l'interdiction, d'actes antérieurs à cette interdiction, d'actes passés par un individu qui n'a jamais été interdit, ou enfin d'actes passés par un individu non interdit, mais placé dans un asile.

a). — *Actes passés durant l'interdiction.* — Dans ce cas, par cela seul qu'ils ont été faits en période d'interdiction, les actes sont frappés de l'incapacité légale, de l'incapacité de droit qui résulte de l'interdiction, sans que soit laissé au juge le moindre pouvoir d'appréciation et sans que soit permise la preuve d'un intervalle lucide.

b). — *Actes passés antérieurement à l'interdiction.* — Ils tombent également sous le coup d'une incapacité légale. Car il suffit, pour qu'ils puissent être annulés, qu'il y ait eu au cours de la période dans laquelle ils ont été passés, démence habituelle et notoire (1). L'incapacité est légale, en ce sens qu'il n'est pas dit qu'en faisant la preuve d'un « intervalle lucide » au moment de l'acte le défendeur pourrait échapper forcément à la nullité. L'annulation est seulement laissée à la libre appréciation du juge. Le juge serait donc en règle avec les termes de la loi en annulant l'acte bien que la preuve d'un intervalle lucide ait été faite. D'où il suit que, dans l'hypothèse de l'article 503, on rencontre une double dérogation au droit commun : d'abord, en ce que, dès que l'on a prouvé l'état habituel de démence, on présume que, tant que cet état a duré , la démence a existé sans intermittence, — de telle sorte que le demandeur n'ait pas à établir le fait de la démence, c'est-à-dire son état d'incapacité au moment de l'acte. En second lieu, en ce que, même si le défendeur faisait la preuve contraire et démontrait l'existence d'un retour momentané et fugitif à la raison, au moment de l'acte, le juge serait encore en droit de n'en pas tenir compte.

En donnant aux tribunaux ce large pouvoir d'appréciation, on a voulu les laisser juges de l'influence des intervalles lucides sur l'état juridique d'incapacité. Et cette influence est très variable : car, à côté des intervalles lucides qui constituent des périodes d'une

---

1. Art. 503, C. civ.

certaine durée, où il y a vraiment retour à la capacité, au moins momentanément, il y a ceux qui peuvent n'être que des lueurs éphémères, dont, au seul point de vue de la sécurité du droit, il serait dangereux de tenir compte. C'est au juge d'apprécier s'il s'agit d'un intervalle lucide qui soit suffisant à faire brèche momentanément à l'état d'incapacité.

c). — *Actes de l'individu qui n'a jamais été interdit.* — Après les deux catégories d'actes qui viennent d'être examinées, il n'y avait plus sous l'empire du Code civil, et avant la loi de 1838, que l'état de droit commun, c'est-à-dire les règles applicables aux actes faits par la personne qui n'a jamais été interdite, lorsque celle-ci de son vivant allègue sa démence. Ce sont donc les conditions de droit commun de l'incapacité qu'il fallait établir, en dehors de toute incapacité légale.

Il fallait, bien entendu, faire tout d'abord la preuve de la démence. Mais déjà dans l'hypothèse visée par l'article 503 il le fallait aussi. Seulement, l'état de démence une fois démontré, lorsqu'il s'agit d'un individu au sujet duquel il n'y a pas eu de jugement d'interdiction qui vienne prouver rétroactivement l'état d'incapacité (1), ne suffit plus, à lui

---

1. Le jugement d'interdiction ne produit pas d'effets rétroactifs quant à la capacité même de l'interdit, mais seulement, semble-t-il, quant à la preuve de sa démence, puisqu'il constate la préexistence désormais incontestable d'un état de folie.

seul, à faire présumer qu'il ait duré d'une façon permanente et que, par suite, il existait au moment de l'acte. Il ne suffirait plus de prouver la démence habituelle, comme dans l'article 503 ; il faudrait établir en fait, soit la démence permanente, sans possibilité d'intervalles lucides, ou, s'il s'agit de démence habituelle, démontrer qu'au moment de l'acte c'était l'état de démence qui l'emportait sur l'état de lucidité. Et enfin, quand bien même on eût établi à titre de présomption de fait la démence permanente, si le défendeur prouvait à son tour l'existence d'un intervalle lucide au moment de l'acte, la présomption d'incapacité disparaîtrait et il ne resterait d'autre ressource que celle d'établir le défaut de consentement, avec toutes les difficultés que comporte une preuve de ce genre.

C'est donc en présence de ce droit commun méconnu, presque nié par les auteurs de la loi de 1838, qu'est venue se placer la nouvelle catégorie intermédiaire qu'ils ont créée.

d). — *Actes de l'individu non interdit, mais placé dans un asile.* — Quelles seront maintenant les conditions de cette incapacité particulière résultant du placement ?

D'après une première opinion, le seul fait du placement ferait naître une présomption d'incapacité, sauf à donner le droit au défendeur de prouver un intervalle lucide. Elle fut soutenue pour la première

fois, lors de la discussion de la loi, dans l'amendement de M. Laplagne-Barris, qui fut repoussé. Une
pareille solution serait extrêmement dangereuse. La
crise peut avoir cessé, et l'individu être retenu quelque temps encore dans l'établissement, en attendant
que l'administration le rende à son milieu familial.
Puis, la sortie peut être prononcée à brève échéance
et laisser soupçonner qu'il y avait placement injustifié. L'internement rendant seulement la folie probable, il ne saurait y avoir de présomption d'incapacité résultant du seul fait du placement ; il faudra
donc prouver l'incapacité, c'est-à-dire la démence (1).
C'est d'ailleurs la solution adoptée par la jurisprudence (2). Les auteurs qui, comme MM. Huc (3) et
Colmet de Santerre, se sont prononcés en sens contraire, se sont certainement mépris sur l'interprétation de la loi.

Mais alors, si l'on exige la preuve de la démence,
va-t-on, comme on l'a fait dans une deuxième opinion, réduire l'individu placé dans un asile aux simples règles du droit commun, sauf le surcroît de
facilité que son placement pourra lui fournir au

---

1. Il n'y a pas lieu de distinguer, comme on l'a fait parfois, (Dalloz,
Répert. V° *Aliénés*), si, au moment où l'acte a été passé, l'individu
était ou non dans un état permettant l'interdiction.

2. Trib. de Lyon, 25 juin 1880.

3. Th. Huc. *Des aliénés et de leur capacité civile*, Paris 1869,
p. 16-18.

point de vue de la preuve ? A première vue sans
doute cette solution pourrait étonner. Car à quoi
bon faire un texte pour rappeler le droit commun ?
Mais on a vu par l'étude des travaux préparatoires
que ce droit commun était resté « douteux » pour
les auteurs de la loi et, qu'à vrai dire, ils l'avaient
ignoré. Rien ne s'opposerait à ce qu'ils eussent
voulu établir, au profit de l'individu placé dans
un asile, un état de droit qui se trouverait être celui
de tout le monde, puisqu'ils croyaient au contraire,
que cet état n'existait au profit de personne.

Mais la faculté d'appréciation donnée au juge,
comme dans l'article 503, empêche très certainement qu'il en soit ainsi. Ce qu'on a eu en vue c'est,
à n'en pas douter, le droit de l'article 503 qui exige
la preuve d'un état de démence notoire, ayant, par
conséquent, une certaine durée, et qui, cette preuve
faite, permet l'annulation sans autre condition. Si
on avait eu en vue l'administration d'une preuve
complète, c'est-à-dire la preuve d'une démence
actuelle, existant d'une façon certaine au moment
de l'acte, toute liberté d'appréciation laissée au juge
eût été un non sens. La faculté qu'on lui donne
implique l'idée d'une certaine incertitude qui plane
encore sur l'état de l'individu, d'une présomption
qui subsiste, présomption qui, sans doute, ne vient
pas du seul fait du placement, mais qui vient de la
preuve supposée faite d'un état de démence.

Ce qu'il faut prouver, ce n'est pas la démence au moment de l'acte, mais un état pathologique de démence durant la période où l'acte a été fait ; ce qui revient à exiger l'état de démence habituelle comme dans l'article 503. Car s'il s'agissait de démence permanente, ce serait revenir à la preuve d'une démence actuelle au moment de l'acte.

Et alors, cette preuve d'un état pathologique de démence étant fournie, il en résulte, quant à la durée, les mêmes présomptions que celles qui dérivent de l'article 503 ; et, quant aux pouvoirs du juge, relativement à l'appréciation des intervalles lucides allégués par le défendeur, les mêmes facultés larges et protectrices que celles exposées sur l'article 503. Aux yeux du législateur de 1838, c'est l'état de droit de l'article 503 qu'on a voulu étendre, en tant que droit commun, à tous les individus au profit desquels existerait une présomption de fait en faveur de l'incapacité, soit un jugement ultérieur d'interdiction, soit un placement actuel dans un établissement d'aliénés.

La seule différence à relever, au point de vue des conditions exigées par l'article 503, consiste en ce que dans l'article 39 de la loi de 1838 on n'exige plus que l'état de démence soit notoire ; on a considéré que la notoriété résulterait du seul fait du placement.

Mais, en réalité, toutes ces solutions restent imprécises, vagues et contestées. Certains auteurs

inclinent à admettre la preuve de la démence actuelle
au moment de l'acte, tout en tenant compte des faci-
lités de preuve qui résulteront du placement. Et
alors même que d'autres se contenteraient d'un état
habituel de démence, ils n'admettraient plus, une
fois la preuve faite d'un intervalle lucide, quel qu'il
soit, que le juge gardât encore sa liberté d'appréciation. En somme, sur ce point tout est resté incertain, c'est l'insécurité absolue.

La faute en est à ce que les auteurs de la loi de
1838, sur cette question particulière, n'ont pas su
mesurer l'exacte portée juridique de la solution qu'on
leur proposait et qu'ils ont finalement adoptée.

DEUXIÈME PARTIE

CRITIQUE DES DISPOSITIONS DE LA LOI DE 1838 RELATIVES A LA PROTECTION DE LA LIBERTÉ INDIVIDUELLE. — RÉFORMES PROPOSÉES.

Accueillie avec une faveur marquée au moment de sa promulgation, et après avoir pendant plus de vingt ans rallié tous les suffrages, la loi de 1838 s'est trouvée tout à coup en butte aux critiques les plus ardentes. En 1862 l'internement prétendu arbitraire de l'avocat Sandon à Charenton (1), déchaîna une campagne de presse d'une violence extrême, où la passion politique entrait sans doute pour une part et qui, par-dessus la tête des médecins, visait très certainement le régime impérial lui-même (2). De

1. « Sandon était réellement un aliéné atteint de la folie raison-
« nante, dont les conceptions pouvaient paraître raisonnables, alors
« qu'elles n'étaient que raisonnantes, et dont le deuxième et définitif
« internement fit, et pour cause, beaucoup moins de bruit que le pre-
« mier. » (Dr Rémond [de Toulouse], *Maladies mentales*, Paris, 1904,
p. 246.)

2. Voir à ce sujet les extraits d'un rapport du Dr Collineau à la Société médico-pratique (1870) donnés par M. Théophile Roussel. *Rapp.* t. II, p. 205.

1863 à 1870 les attaques deviennent plus vives, les ripostes plus aigres; les discussions se multiplient et s'enveniment entre partisans et adversaires de la loi, et ces controverses donnent naissance à toute une littérature, dont la bibliographie jointe à cette étude ne peut donner qu'une idée très incomplète. « Plus les médecins sont habiles, disait M. Garsonnet (1), plus ils me font peur! » A cette malicieuse boutade le Dr Voisin ripostait par cette remarque quelque peu impertinente que le langage de ses contradicteurs n'était « pas autre que celui tenu dans les asiles par certains aliénés non douteux, que l'on voit au plus fort de leur mal réclamer violemment une liberté qu'ils cessent de demander précisément au moment où ils entrent en guérison. » Un autre aliéniste, le Dr Morel, alors médecin de l'asile de Saint-Yon, prétendait plus lourdement que « c'étaient quatre ou cinq monomanes qui étaient parvenus à susciter en France cette surexcitation de l'opinion à laquelle le Gouvernement cédait lui-même en faisant une enquête. »

Dans le même temps, en effet, des pétitions avaient été adressées au Sénat de l'Empire (2). Soumises à l'examen d'une commission, elles avaient été

---

1. E. GARSONNET. *La loi des aliénés; nécessité d'une réforme.* (*Revue contemporaine.* N^{os} des 15 et 31 mars 1869).

2. Entre autres celle du Dr Turck, médecin à Plombières.

l'objet d'un rapport de M. Suin, présenté dans la séance du 2 juillet 1867. Elles avaient eu pour conséquence l'institution d'un commission mixte extra-parlementaire près le ministère de l'Intérieur, chargée de rechercher toutes les améliorations compatibles avec le maintien du régime général établi en 1838 (1), et l'ouverture d'une enquête administrative prescrite par le gouvernement impérial (2).

La France n'a d'ailleurs pas eu le monopole de ces attaques passionnées contre le régime fait aux aliénés. Partout où il a fallu concilier la liberté individuelle avec la nécessité de soigner un malade par des moyens qui ne peuvent pas être toujours d'accord avec cette liberté, les mêmes critiques se sont reproduites.

Mais ce n'est pas seulement la nécessité d'une meilleure et plus complète protection de la liberté individuelle contre les attentats possibles de l'administration ou de la famille qui a motivé de toutes parts ces attaques. Ce sont d'abord les progrès de la médecine mentale. Il est bien certain, en effet,

---

1. Arrêté de M. de Forcade, en date du 12 février 1869.

2. Circulaire du 20 février 1869. — Elle invitait les préfets, les directeurs et les médecins des asiles à faire connaître leur opinion sur les modifications dont la législation était susceptible. Elle donna lieu à 117 rapports préfectoraux, à 77 rapports de médecins et de directeurs d'asiles.

que les aliénistes contemporains ne pensent pas
exactement comme leurs confrères de 1838. La doctrine en vigueur alors était tout entière dans la
nécessité de l'isolement absolu des malades, à ce
point que la discussion fut des plus vives sur la
question de savoir si les hôpitaux devaient être
mixtes, et que la loi prescrivit que les asiles destinés aux aliénés ne pourraient recevoir aucun autre
malade.

Il en va tout autrement aujourd'hui où le système
des asiles ouverts (1) et de l'hospitalisation des
aliénés dans des villages reproduisant les conditions
de la vie habituelle (2) semble être la vérité admise,

---

1. Jusqu'à présent cependant on n'a pas fait en France un sérieux
essai de l'asile aux portes ouvertes, de l'*Open door* d'Écosse ; on s'est
borné à reculer le plus possible les murs d'enceinte ; « les portes
autrefois systématiquement closes, se sont seulement un peu entr'ouvertes, mais on n'a point jeté bas les murailles. » (Dr Paul Garnier,
Internement des aliénés, Paris 1898, p. 70 et 84-85).

2. Il existe actuellement, en France, deux de ces colonies familiales,
à Dun-sur-Auron (Cher) et à Ainay-le-Château (Allier), fondées, l'une
et l'autre, en 1890, par le département de la Seine. Les résultats
qu'elles ont donnés paraissent satisfaisants ; toutefois la date de leur
fondation est encore trop récente pour qu'on soit en mesure de porter sur elles un jugement définitif. Elles ont surtout servi jusqu'à présent, semble-t-il, à évacuer le trop plein des asiles et à décharger ceux-
ci des séniles, des gâteux et des aliénés inoffensifs qui les encombrent.
— Cf. Émile Mahé, *La Revision de la loi sur les aliénés.* (*Revue philanthropique*, n° du 10 novembre 1904, p. 12 et suiv.).

et où le régime des aliénés tend à une liberté toujours plus grande.

Ce sont aussi les nouvelles idées qui se sont fait jour sur le rôle de l'État en pareille matière.

« Nous ne faisons pas une loi pour la guérison « des personnes menacées ou atteintes d'aliénation « mentale; nous faisons une loi d'administration, de « police et de sûreté, disait le comte Portalis en « 1838. » Et M. de Gasparin, ministre de l'Intérieur, allant plus loin encore, s'exprimait ainsi (1) : « Il « s'agit essentiellement de mesures de sûreté publi- « que, d'ordre public. Il s'agit de prévenir des acci- « dents analogues à ceux que la police administra- « tive embrasse dans sa sollicitude, en vue desquels « elle a été instituée, tels que les inondations, les « incendies, les fléaux de tout genre, les dangers qui « menacent la salubrité publique ou même le repos « des citoyens. » Aucun ministre n'oserait sans doute tenir de nos jours un semblable langage ni se servir de telles comparaisons. Le suffrage universel, les idées républicaines n'ont assurément pas été sans influence sur le changement survenu dans notre conception du rôle de l'État : Aussi, alors que la loi du 30 juin 1838 paraît avoir été avant tout une « loi de « police », une « loi de sûreté » sociale, toute légis-

---

1. Exposé des motifs du projet de loi. (*Moniteur*, du 7 janvier 1837).

lation nouvelle sur les aliénés devra avoir avant tout le caractère d'une loi d'assistance et de solidarité sociale. C'est dans cet esprit nouveau qu'ont été conçus tous les projets législatifs que, depuis 1870, la question a fait éclore ; c'est dans ce sens nouveau que se sont orientés les nombreux travaux que de toutes parts elle a suscités dans notre pays.

Plus de soixante-sept ans se sont écoulés depuis le vote de la loi de 1838. C'est dire que l'heure de la retraite paraît bien être enfin venue pour elle. Car pas plus que toute autre œuvre humaine elle n'a été épargnée par le temps. Encore pourrait-on s'étonner qu'après avoir fourni une aussi longue carrière, elle ne soit pas chargée de plus d'infirmités. Sans doute elle ne répond plus aujourd'hui ni à l'état de l'opinion publique, ni aux exigences de la science des maladies mentales, ni aux postulats nouveaux du droit public. On n'y relève certes pas que des lacunes; l'expérience a aussi révélé bien des imperfections. Mais elle est loin d'avoir mérité les accusations furieuses qu'on a parfois portées contre elle. Et, somme toute, comme l'a pu dire M. Suin, en 1867, la loi de 1838 a été une « loi calomniée ». « Pure dans l'intention qui l'a inspirée, bonne dans « son principe, sage dans ses dispositions, elle n'a, « disait-il, qu'un défaut : c'est de n'avoir pas assez « veillé elle-même à sa stricte et consciencieuse exé- « cution. A-t-elle laissé passer l'arbitraire? On l'en a

« accusée. Il y a eu des plaintes ; il n'y a pas eu de
« preuves positives (1) ; mais le soupçon marque les
« interstices par où la fraude peut se glisser... »

Une remarque doit d'ailleurs être faite : c'est que,
dans cette sorte de croisade menée contre la loi de
1838, presque tous les adversaires de la loi ont constamment raisonné comme si les aliénés étaient uniquement des citoyens dont le droit à la liberté est
mis en péril, et non des malades qu'il s'agit de
recueillir, de garder, de soigner et de guérir. Ils
n'ont cherché et vu dans les asiles que des prison-
niers et des victimes. Ils eussent sans doute mieux
servi leur cause et donné plus de portée à leurs critiques s'ils s'étaient placés à un point de vue moins
exclusif.

D'autre part, dans toute cette discussion les plus
chauds défenseurs de la loi, les médecins, n'ont pas
non plus été sans reproche : si leur cause était bonne,
il faut reconnaître qu'ils l'ont parfois soutenue avec
de bien mauvais arguments. Ils ont trop oublié que
la violence est souvent une grande faiblesse. Certes

---

1. Dans la deuxième séance de la Commission mixte extra-parlementaire (22 juillet 1869) un relevé des plaintes élevées contre la loi
fut présenté par M. Durangel. « Sur 49 réclamations formulées
epuis 1860, dit-il, 41 ont été repoussées, 7 ont été accueillies ;
parmi les réclamants, 2 étaient séquestrés pour la deuxième fois,
5 pour la cinquième, un avait été l'objet de dix placements successifs. »

ils n'ont pas outrepassé leur droit en répondant aux attaques sans mesure de la presse par une levée en masse de boucliers. Mais, à n'en pas douter, ils ont à leur tour dépassé la mesure lorsqu'ils ont prétendu qu'on ne pouvait, sans leur faire injure, toucher à la loi. C'est alors, semble-t-il, que, par un juste retour, ces aliénistes si prompts, comme on l'a vu plus haut, à découvrir dans leurs contradicteurs des monomanes bien caractérisés, eussent pu, avec autant de raison peut-être, passer pour atteints du délire des persé-cutions. « Est-ce que, par hasard, disait, en effet, l'un d'eux, les médecins seraient, dans l'opinion publique, pour la moralité, au-dessous des autres hommes ? » « Jamais, j'en suis sûr, a pris soin de répondre le « Dr Thulié, jamais personne n'a songé à lancer « pareille impertinence ; mais, s'ils ne sont pas au- « dessous des autres hommes, ils ne sont pas, que « je sache, au-dessus, et doivent être soumis à des « lois de contrôle comme tous les autres (1). » Il suffit, au surplus, d'observer que « c'est au savoir et « non pas à la vertu qu'on donne des diplômes (2) », et que bien souvent des gens de moralité douteuse parviennent à s'introduire dans les compagnies les plus respectables. On peut donc sans blasphémer se

---

1. Dr HENRI THULIÉ, *La folie et la loi*, Paris, 1866, p. 152-153.

2. P.-F. GIRARD, *La Revision des lois sur les aliénés*. Paris, 1883, p.24.

refuser à admettre le dogme de l'honorabilité indivisible ou de l'infaillibilité de tout un corps. Quelle que puisse être la valeur morale, que nul ne conteste, du corps médical en général, une loi prévoyante doit toujours se tenir en garde contre les défaillances possibles, contre les aberrations de conscience des individus.

CHAPITRE I

Insuffisance des mesures prises par la loi pour protéger le prétendu aliéné contre les séquestrations arbitraires. — Lacunes de la loi. — Améliorations et réformes.

Le législateur de 1838 n'a pas cherché à faire une législation complète sur les aliénés. Avant tout il a poursuivi ce double but : d'une part, délivrer la société des scandales et des accidents provoqués par l'abandon des fous sur la voie publique (1) ; d'autre part, créer pour ces malheureux, à la place du régime des cachots et des cabanons un régime de soins et de traitement médical dans des établissements spéciaux. Malheureusement, dans sa préoccupation trop exclusive d'établir les bases de ce nouveau service d'assistance et d'en régler le fonctionnement, le législateur était fatalement, logiquement condamné à laisser dans son œuvre des lacunes.

---

1. Voir à ce sujet dans la *Législation des aliénés et des enfants assistés* la circulaire du 29 juin 1835. (*Recueil des lois, décrets et circulaires ministérielles*, t. I. p. 17).

C'est ainsi que, par la force même des choses, il devait perdre de vue tout d'abord le sort des fous qui resteraient dispersés dans les domiciles privés ou en dehors des établissements spéciaux. On sait, en effet, que la loi ne contient aucune disposition p rticulière à cette catégorie pourtant si considérable d'aliénés (1). Mais là n'est point d'ailleurs le seul oubli du législateur. On en signale un autre également grave ; celui-ci relatif aux aliénés dits criminels.

On traitera des aliénés soignés dans leurs familles dans la section consacrée aux établissements d'aliénés ; quant à la question des aliénés criminels, elle touche surtout au régime des sorties et c'est là qu'elle doit trouver sa place.

---

1. Leur nombre est, du reste, difficile à évaluer : Outre que le dénombrement n'en a pas toujours été opéré dans les recensements quinquennaux de la population française, les renseignements fournis par ces recensements sont certainement peu exacts. Quoi qu'il en soit, d'après des documents officiels, leur nombre qui, en 1851, était évalué à 24.433, après s'être élevé, en 1866, à 54.707, était redescendu, en 1876, à 39.887, se décomposant ainsi : 7.931 fous proprement dits, et 31.956 idiots ou crétins. (*Statistique de la France*, t. X, année 1880, p. L XII). — En 1838, on admettait seulement l'existence d'environ 3.650 aliénés à l'état de vagabondage, gardés dans leurs familles ou retenus dans les prisons.

Section I

Les Établissements d'aliénés.

§ 1. — Les Établissements.

On ne conteste plus aujourd'hui la nécessité d'établissements spéciaux pour le traitement de la folie, et depuis longtemps la science a démontré que ces établissements ne pouvaient pas être organisés, construits même, comme les établissements destinés aux malades ordinaires (1). Ceux qu'on y reçoit, en effet, y sont retenus « contre leur volonté, au mépris de « leurs protestations; non pas, comme pour d'autres « maladies, pour un temps limité, pour des causes « notoires et incontestables, mais sans qu'aucun « terme soit marqué et pour un désordre intellectuel « qui échappe souvent à l'observation, si elle n'est « longue et constante (2). »

---

1. L'art. 5 et l'art. 7 de la loi de 1838 disposent pourtant que des aliénés peuvent être reçus dans des établissements publics consacrés « en partie » au service des aliénés (art. 7), ou dans des établissements privés consacrés au traitement d'autres maladies. Mais ils exigent alors, on l'a vu, que des quartiers spéciaux soient réservés exclusivement aux aliénés et soumis à toutes les prescriptions de la loi. — Il est à souhaiter d'ailleurs que ce régime prenne fin et qu'il n'y ait plus que des établissements consacrés exclusivement aux aliénés.

2. Vivien. 1er *Rapp.* cité par Th. Roussel, t. II, p. 19.

D'autre part, l'autorité dont sont investis les chefs
d'établissements à l'égard des aliénés est de telle
nature qu'elle pourrait aisément dégénérer en abus.
Sans doute le droit de réclamer est bien laissé à
l'aliéné, mais ce droit est le plus souvent un leurre :
toute réclamation d'une personne internée reste sus-
pecte à raison de la présomption de folie qu'entraîne
contre elle le fait même de l'internement ; et c'est
bien rarement qu'une plainte pourra être prise en
onsidération et prévaloir contre la déclaration d'un
médecin ou d'un directeur.

Pour toutes ces raisons il est évident que de tels
établissements doivent être placés sous un régime
exceptionnel, et il est nécessaire, pour la sauvegarde
de la liberté individuelle en particulier, que leur
création, leur organisation, leur fonctionnement
soient soumis à une réglementation sévère. La loi
de 1838 s'est efforcée d'y pourvoir dans la mesure où
elle l'a cru nécessaire ; mais elle n'a pas assez fait
cependant pour désarmer la critique, au moins en
ce qui touche aux établissements privés.

A. — *Établissements privés*. — Les règlements
de ces établissements ne sont soumis à l'approbation
du Gouvernement qu'en exécution d'instructions
ministérielles. C'est là une lacune ; il vaudrait mieux
que l'obligation en fût écrite franchement dans la
loi : c'est l'affirmation d'un droit de police et de
surveillance intérieure incontestable.

Dès 1838, au reste, les établissements privés inspiraient aux auteurs de la loi quelque défiance et les orateurs libéraux les avaient signalés comme le refuge le plus habituel des attentats à la liberté. L'exposé des motifs du projet de 1837 entrait lui-même dans ces vues et montrait les mêmes appréhensions. « Les véritables dangers, y disait M. de « Gasparin, se rattachent en effet à l'existence, au « régime de ces établissements. C'est là que, par une « collusion coupable, on parvient à ensevelir les « victimes qu'on veut priver de la liberté ; c'est là « que les aliénés peuvent être retenus après leur « guérison, que pendant le traitement ils sont expo- « sés à subir des privations, des gênes, une capti- « vité que leur impose l'ignorance, la routine ou la « cupidité... C'est dans les établissements qu'il est « plus facile d'obtenir le mystère ; de trouver un « moyen de succès pour des desseins coupables. « C'est là que manquent à la fois toutes les garan- « ties (1). »

Ce sont à peu près les mêmes considérations qu'on a invoquées de nos jours, sous le régime de la loi 1838, contre les établissements privés. Non seulement on a dit que, malgré les précautions prises, c'est encore dans ces établissements que se commet-

---

1. Cf. *Rapport* Dubief (session extraordinaire de 1898), p. 13.

tent les abus reprochés par l'opinion publique aux
asiles : séquestrations arbitraires, mauvais traitements, soins insuffisants, mais on a souvent insisté
sur l'opposition qui existe entre l'intérêt du directeur et son devoir : son intérêt peut le pousser à
prolonger un internement que son devoir l'obligerait à faire cesser sur l'heure. Alors même que tous
les directeurs d'asiles seraient des héros de Corneille,
— ce qui n'est pas invraisemblable, — la simple possibilité de cette sorte de spéculation sur la folie four-
nirait toujours un argument des plus sérieux en
faveur d'une réforme de la loi.

Est-ce à dire, comme on l'a proposé, que cette
réforme doive aller jusqu'à la suppression complète
des asiles privés ? On considère, non sans quelque
raison, du reste, qu'une loi sur le régime des aliénés
doit être une loi de défense personnelle et de défense
sociale, aussi bien qu'une loi d'assistance. On pense
que l'aliéné peut être assimilé à un malade atteint
d'affection contagieuse, capable comme celui-ci de
faire autour de lui des victimes, et qu'à ce titre il
doit être dénoncé par mesure de protection sociale.
On fait découler de là l'obligation pour la société de
faire soigner l'aliéné et on tire du principe posé cette
conséquence logique que tout établissement d'aliéné
doit être public (1). Si la loi ne devait se préoccu-

---

1. Contre-projet Vaillant dans *Rapport* Dubief précité, 1898.

per que de la seule logique, elle devrait assurément
décider qu'on ne doit détenir *de force* un individu,
soit pour l'exécution d'une peine, soit *pour une raison quelconque*, que dans un *bâtiment public*. Mais
d'autres considérations s'imposent à elle, dont elle
doit tenir compte. Et voilà pourquoi tous les projets
législatifs depuis 1870 n'ont pas cru pouvoir proposer la suppression pure et simple des asiles privés,
même en la restreignant, comme l'a fait la loi anglaise
du 29 mars 1890 (1). « S'ils n'existaient pas, a dit
« M. Dubief (2), il ne faudrait certes pas les inven-
« ter, mais ils existent : ils répondent à des besoins
« particuliers dans l'état actuel de nos mœurs (3) .»
Dès longtemps, en effet, on a constaté la répugnance de certaines familles à placer l'un des leurs

---

1. Il résulte de cette loi qu'on ne peut désormais créer en Angleterre
aucun établissement privé d'aliénés absolument nouveau. Et aucune
maison existante ne peut admettre plus de malades que ne compor-
tent les termes de sa licence. — Cf. Rapport de M. LARNAUDE, *Bulletin
de la Société d'études législatives*, 1905, p. 108-109.

2. *Loc. cit.*, p. 19.

3. La Commission nommée par la Chambre des députés pour examiner la proposition de M. Dubief s'est bornée, comme l'avait fait le
projet du gouvernement de 1882, à proposer la suppression des asiles
privés faisant fonction d'asiles publics. Ce remède assez anodin n'aurait sans doute qu'un effet limité. Il ne ferait pas disparaître les abus.
Tout au plus en restreindrait-il le nombre et peut-être encore assez
faiblement. — (Cf. *Rapp.* ROUSSEL, t. I. 49 et suiv,)

dans un établissement public, en raison d'une promiscuité qu'elles jugent fâcheuse. C'est là le résultat de certains préjugés où se mélangent des sentiments de fierté, de solidarité familiales, des considérations d'ordre religieux ou médical, dont la loi, a-t-on dit, n'a pas à se faire juge. On a craint de porter une atteinte injustifiée à la liberté en ne laissant pas à une famille le droit de choisir pour l'un des siens un établissement où il y aura moins de malades que dans un asile public, où les communications avec l'extérieur seront plus rares, et où, par conséquent, des indiscrétions seront moins à redouter.

Dès 1838, on faisait valoir aussi le principe de la liberté de l'industrie. Mais on sait que c'est là un principe qui peut comporter des exceptions (1).

La raison décisive, la seule raison, en définitive, qui puisse, à notre sens, justifier le maintien des établissements privés, c'est que leur disparition risquerait d'entraver le développement de la science des

----

1. De nos jours, la loi du 13 avril 1850 sur les logements insalubres a déjà porté une sérieuse atteinte à la liberté des propriétaires en les privant de la faculté de louer, pour être habitées, leurs maisons, tant qu'ils n'ont pas exécuté les travaux nécessaires. Et le Sénat est encore saisi à l'heure actuelle d'un projet, voté par la Chambre des députés, réglementant de façon si rigoureuse la fabrication du « blanc de céruse » qu'il tend, peut-on dire, à l'interdiction même de cette dangereuse industrie.

maladies mentales en créant au profit de la science officielle un véritable monopole. Il ne faut pas que la loi encourage la routine. Il faut qu'elle permette l'inauguration de nouveaux modèles d'installation, plus variés que ceux des établissements de l'État, se prêtant au besoin à de nouveaux systèmes de traitement.

Enfin, s'il est certain que des abus ont été commis parfois dans les maisons particulières, on en peut citer aussi dont les chefs, respectés de tous, portent des noms qui honorent la science.

Voilà surtout pourquoi les établissements privés paraissent devoir être maintenus. Mais il est nécessaire de les entourer de garanties de toute sorte pour rendre impossibles à l'avenir les abus qu'une expérience de soixante années a révélés. Et c'est dès avant la création de l'établissement que doivent exister ces garanties. Il n'a jamais pu être question, en effet, de laisser naître et se développer sous un régime de liberté absolue une industrie de nature si spéciale. Le principe de la nécessité d'une autorisation administrative était déjà posé dans l'article 5 de la loi de 1838, et les articles 17 à 33 de l'ordonnance royale du 18 décembre 1839 avaient déterminé très complètement les conditions aussi nombreuses que rigoureuses auxquelles la concession de cette autorisation était subordonnée. Ces conditions se rattachaient aux garanties de capacité du directeur de l'établissement et à l'installation matérielle, qui a une si grande importance dans les maisons d'aliénés.

Ce système « étatiste » de l'autorisation se retrouve dans les plus récentes, comme dans les plus anciennes législations (1), et les projets du Sénat et de la commission de la Chambre des députés ont maintenu le même principe.

Un système plus libéral, imprégné, celui-là, d'individualisme, et présentant d'ailleurs autant de garanties, consisterait à substituer au régime préventif de l'autorisation le régime de la déclaration. On se contenterait alors pour qu'un établissement d'aliénés puisse être créé d'une simple déclaration. Mais bien entendu la personne qui voudrait fonder un établissement serait tenue de se soumettre à des exigences analogues à celles qui constituent aujourd'hui, sous le régime de l'ordonnance de 1839, la condition nécessaire d'une autorisation.

Ce système, qui est l'œuvre de la société d'études législatives, ne peut se concevoir pratiquement que si, après l'inspection de l'établissement par l'autorité qui sera préposée à cet effet, l'administration a le droit de former opposition à l'ouverture de

---

1. Loi génevoise du 25 mai 1895 ; loi hollandaise du 27 avril 1884 loi luxembourgeoise du 7 juillet 1880 ; ordonnance suédoise du 2 novembre 1883 ; loi anglaise du 29 mars 1890 ; loi allemande du 23 juillet 1879 modifiant quelques dispositions de la loi sur l'industrie.

l'asile. Mais il faut, d'autre part, qu'on puisse faire tomber cette opposition en offrant la preuve qu'on s'est conformé strictement à toutes les prescriptions de la loi. A cet effet la juridiction compétente sera saisie et c'est elle qui dira le dernier mot. Il n'est pas admissible, dit-on, qu'en une matière qui intéresse l'exercice du droit de propriété et la liberté des professions, le droit individuel n'ait pas la protection ordinaire, la protection juridictionnelle.

A quelle juridiction devra-t-on attribuer compétence ? Aux tribunaux de droit commun ? A un organe nouveau, à un « Conseil central des aliénés » comprenant des magistrats, des administrateurs, des médecins et notamment les inspecteurs généraux dont le service serait réorganisé ?

Quelle que soit la solution qu'on adopte, n'est-ce point là, au fond, sous une forme différente, comme un retour au système de l'autorisation ? Toutefois, dans ce système nouveau l'autorisation n'est plus donnée par un préfet muni d'un pouvoir discrétionnaire, statuant souverainement, sans motifs et sans appel, et par là les plus sérieuses garanties sont assurées contre l'arbitraire administratif.

C'est dans un esprit analogue que la loi allemande du 23 juillet 1879, qui soumet d'ailleurs à l'autorisation administrative la création d'établissements privés destinés à recevoir des malades, femmes en couches, ou aliénés, décide que l'autorisation ne peut être refusée que dans des cas limitativement déterminés (1). La même tendance se révèle du reste un peu partout. De jour en jour, de pays en pays, le domaine de l'autorisation administrative purement discrétionnaire va se rétrécissant.

B. — *Les Quartiers d'observation.* — Déjà, lors de la discussion de la loi de 1838, on a fait ressortir l'avantage qu'il y aurait pour la protection de la liberté individuelle a établir une période d'attente, une période en quelque sorte intermédiaire, comprise entre le moment où le prétendu aliéné est conduit dans l'asile et celui où il est procédé au placement définitif. Il y avait là, disait-on, une mesure aussi indispensable que celle qu'on réclame depuis longtemps pour les prisons : la séparation des condamnés d'avec les prévenus. De même qu'un prévenu n'est pas un condamné, celui qui entre dans une maison d'aliénés, tant que son maintien n'y a pas été décidé, n'est qu'un aliéné présumé. Et, à ce titre il a droit à un traitement différent.

C'est sous l'empire de cette juste préoccupation qu'on a proposé la création, dans les établissements publics et privés, de quartiers d'observation où

---

1. Ces cas sont au nombre de deux : a) si le requérant ne présente pas les garanties nécessaires pour diriger et administrer l'établissement qu'il veut fonder ; b) si les plans, aménagements techniques, etc · ne répondent pas aux prescriptions de la police sanitaire.

seraient mis les entrants avant que soit intervenue la décision sur la maintenue du placement. On a même demandé que le quartier d'observation ne fût pas dans l'asile, mais dans l'hôpital du chef-lieu de département, qui servirait ainsi de *lieu de passage*, de dépôt provisoire avant le transfert dans l'asile. De la sorte le malade qui, par une décision provisoire, aurait été mis en observation dans le lieu de dépôt et qui, après nouvel examen, n'aurait pas été jugé assez atteint pour être transféré, n'aurait pas la tare d'avoir été enfermé dans un établissement d'aliénés. D'autre part, il semble bien aussi qu'une décision de transfert serait une garantie plus sérieuse de la liberté individuelle qu'une décision de maintenue. Celui qui la prendrait sentirait sans doute sa responsabilité plus engagée s'il s'agissait de faire faire au malade un pas de plus dans la voie de l'internement que s'il s'agissait seulement de ratifier ce qui était déjà fait. Or, c'est la responsabilité de celui qui prend la décision qui constitue précisément la garantie (1).

Le projet présenté par le gouvernement en 1882 (art. 15) et celui de la Commission du Sénat (art. 20) avaient prévu les quartiers d'observation dans les

---

1. Voir Note de M. Maurice Hauriou, *Bulletin de la Société d'études législatives*, 1904, p. 171.

asiles. Ils faisaient partie de l'ensemble des mesures destinées à empêcher des placements non justifiés, mais ils ont disparu du projet voté par le Sénat en 1887 et on ne les retrouve pas davantage dans le dernier projet de la Commission de la Chambre des députés (1er avril 1903). C'est que cette mesure excellente au point de vue juridique et exclusif de la protection contre les internements arbitraires, aurait le tort grave de sacrifier les intérêts de ceux qui sont internés à bon droit, et ce sont les plus nombreux. Le dépôt provisoire ne permettrait en effet qu'un traitement également provisoire, appliqué dans des conditions défectueuses, à un moment où la guérison peut dépendre de soins immédiats et attentifs.

Pour sauvegarder tous les intérêts il faudrait qu'on pût créer des hôpitaux d'observation reproduisant en raccourci les mêmes installations, comportant les mêmes divisions, ayant les mêmes services généraux que les asiles. Mais cette création ne serait sans doute possible que dans de très grandes villes.

En 1838 on avait décidé de ne pas inscrire la mesure dans la loi et de s'en rapporter à la réglementation administrative.

C. — « *Maisons d'hydrothérapie* » et « *Cliniques de maladies nerveuses* ». — Les maisons qui ne sont ni des asiles publics, ni des asiles privés, et qui reçoivent et traitent un ou plusieurs aliénés payant pensión, ne sont pas astreintes par la loi de 1838 à la nécessité d'une autorisation, ni même d'une déclaration quelconque. Cette omission a été réparée dans toutes les législations des autres pays. Elle est grave ; il y a là une source d'abus possible. On se plaint qu'il n'y ait pas assez de garanties dans les asiles ; hors des asiles on n'en trouve plus aucune, et le danger d'une séquestration arbitraire et d'un traitement insuffisant ou inhumain y est beaucoup plus pressant.

On a soutenu quelquefois, notamment dans la discussion de la loi de 1838, la possibilité de placer l'aliéné dans une maison de santé ordinaire non spécialisée. Par là on voulait permettre aux familles de dissimuler l'état d'un de leurs membres. Sur ce point on préféra avec raison l'intérêt du malade à celui de la famille. Mais l'état d'esprit que révélait cette thèse n'a pas disparu et, malgré que la loi ne l'ait pas permis, il arrive, en fait, que les maisons de santé destinées notamment à traiter ce qu'on appelle les « maladies nerveuses » reçoivent de véritables aliénés, ou tout au moins des « candidats à l'aliénation mentale ». Il s'est créé des maisons de santé ouvertes, dites « *maisons d'hydrothérapie* » ou « *cliniques de maladies nerveuses* ». Or, pour traiter certains malades, — les hystériques, par exemple, — on a recours à des établissements de ce genre, et il n'est pas rare qu'au cours du traitement ces malades ner-

veux soient frappés d'aliénation. « D'autre part, il
« arrive souvent que les directeurs de maisons d'alié-
« nés créent à côté d'elles des établissements ouverts
« qui en sont en quelque sorte l'antichambre, et cela
« afin de répondre aux désirs de ceux qui veulent
« éviter pour l'un des leurs cette tare que constitue
« aux yeux de l'opinion publique l'aliénation men-
« tale. Une telle situation peut engendrer plusieurs
« dangers : D'abord le placement dans une maison
« d'hydrothérapie libre peut aboutir en fait à un
« internement arbitraire, en second lieu, et à l'in-
« verse il peut en résulter l'internement d'individus
« qui, quoique aliénés et bien qu'ils n'aient plus une
« volonté libre, ne sont pas soumis au système de
« protection juridique correspondant à leur état, ne
« sont pas surveillés et peuvent être exploités. Ce qui
« rend cette situation particulièrement grave, c'est
« que ces maisons dites ouvertes ne sont soumises à
« aucun contrôle, et ont trouvé le moyen de tour-
« ner loi, d'échapper au règlement concernant les
« maisons de santé (1). »

Pour mettre fin à ces abus on a demandé, dès
1882, des inspections médicales périodiques des établissements où l'on traite les maladies du système

---

1. Maurice Bernard. *Compte rendu des travaux de la Commission
d'étude des projets relatifs aux lois sur les aliénés.* (Bull. de la Soc.
d'Ét. Législ. 1903, p. 455.

nerveux (1), et, qu'en outre, les inspecteurs généraux aient le droit d'entrer dans tout établissement, quel qu'il soit, en cas d'abus signalé.

La loi allemande du 23 juillet 1879 a adopté un autre système : elle soumet, comme on l'a vu plus haut, à l'autorisation administrative l'ouverture de tout établissement privé destiné à recevoir des malades.

§ 2. — Le personnel des établissements.

La question du personnel des établissements offre un intérêt de premier ordre au triple point de vue du traitement des malades, des garanties contre les mauvais traitements dont ils peuvent être l'objet, enfin de la sauvegarde de la liberté individuelle.

A cet égard les dispositions de l'ordonnance de 1839, qui règlent l'organisation intérieure des asiles, soit privés, soit publics, donnent, autant qu'il est possible, la certitude qu'ils ne peuvent tomber sous la direction et la surveillance de personnes dont la moralité et la capacité ne seraient pas au-dessus de toute contestation. Les directeurs et les médecins des asiles publics sont choisis par l'administration

---

1. Drs MARIE et LEGRAIN. *Rapport à la première sous-commission de la commission mixte du conseil général de la Seine chargée d'étudier les questions intéressant l'hospitalisation des aliénés.*

supérieure ; les directeurs et les médecins des établissements privés sont soumis à son autorisation. Le certificat de bonne vie et mœurs qu'on exige d'eux ne fournit, il est vrai, que la preuve de cette honorabilité moyenne, négative en quelque sorte, qui consiste à n'avoir pas subi de condamnations et à jouir de la réputation d'honnête homme ; honorabilité compatible avec des actes, répréhensibles sans doute aux yeux d'une morale stricte, mais qui, s'ils sont du domaine de la conscience, ne relèvent pas de la loi. Il est permis de le regretter, mais il ne paraît pas qu'on puisse y porter remède sans risquer de verser dans l'arbitraire, en accordant aux maires un pouvoir exorbitant. Du reste, aucun reproche sérieux n'a, semble-t-il, été articulé de ce chef contre la loi.

En ce qui concerne le recrutement du personnel inférieur, surveillants et gardiens, il s'opère sans garanties particulières, par voie d'engagement volontaire, comme un simple contrat de louage de services. Les gardiens d'asile ne doivent cependant pas être assimilés à des domestiques ou employés ordinaires. Ils sont ou devraient être avant tous les auxiliaires, presque les collaborateurs du médecin. Chargés d'un service pénible et dangereux d'ailleurs fort mal rétribué (1), mal logés, n'ayant que peu de congés, ne

____

(1) Leur traitement n'atteint pas le plus souvent trente francs par mois.

possédant guère d'instruction technique, trop peu nombreux enfin, ils se recrutent la plupart du temps parmi les gens qui n'ont pas d'autre moyen de gagner leur vie, quelquefois même, comme un procès criminel l'a montré récemment, parmi les repris de justice.

Il faut, pour que le personnel des asiles français ne reste pas au-dessous de sa tâche, que sa situation morale et matérielle soit améliorée, qu'il rentre dans les cadres de l'administration, qu'il forme un corps à part, spécialisé, — autant que possible — par catégories d'aliénés, bien payé, pourvu de retraites.

C'est seulement à ces conditions qu'on aura un personnel à la hauteur de sa difficile mission et que la société aura rempli toutes ses obligations vis-à-vis des aliénés, les plus intéressés en définitive à l'amélioration de ce service.

APPENDICE

Les aliénés soignés dans leurs familles.

Le droit des parents d'agir d'autorité à l'égard d'une personne atteinte de folie n'est pas constestable ; il n'a jamais été contesté. La loi des Douze Tables (1)

---

1. Tab. V. 7 (transmise par Cicéron et Ulpien) : « *Si furiosus escit ast ei custos nec escit, adgnatorum gentiliumque in eo pecuniaque ejus potestas esto.* »

l'a consacré trois cents ans avant l'ère chrétienne. Dans sa disposition la loi romaine ne faisait, a-t-on dit, que sanctionner un usage de toute antiquité. La double préoccupation de sûreté publique et de conservation du patrimoine des familles qui s'y manifeste, après avoir été l'origine de ce pouvoir absolu sur la personne et sur les biens de l'aliéné, a fait le fond du droit public à l'égard des aliénés chez la plupart des peuples d'Occident jusqu'à la Révolution française. Ce droit des familles de garder, de détenir par force leurs membres aliénés est encore consacré par les articles 475 et 478 du Code pénal, qui punissent d'une amende, et d'emprisonnement au cas de récidive, « ceux qui auront laissé divaguer des fous ou furieux étant sous leur garde. »

Le souci de la liberté individuelle n'apparaît à aucun degré dans les anciens actes législatifs concernant les aliénés. On cite cependant une constitution de l'empereur Zénon (1), qui a été considérée comme une innovation législative, et que deux constitutions de Justinien (2) ont confirmée.

---

1. Au Code *de privatis carceribus inhibendis* IX. 5. 1.

2. Au Code, *de episcopali audientia*, 1. 4, 22 et 23, et *de privatis carceribus inhibendis*, IX. 5.2. — On admet généralement que ces textes ne visaient pas les hospices privés, les *valetudinaria*, les villas réservées aux aliénés, et dont l'existence n'est pas contestée, mais qu'elles visaient surtout les prisons clandestines qui ont été de tout temps, le moyen le plus ordinaire des séquestrations criminelles auxquelles la folie a servi de prétexte.

La législation française, depuis la loi des 16-26 mars 1790, n'a visé que les individus placés ou à placer dans les établissements spéciaux.

La loi de 1838 n'a donc fait que suivre une tradition déjà longue. — Préoccupés surtout d'assurer l'ordre public et la sécurité des personnes, ses auteurs sont passés, sans la résoudre, à côté d'une des difficultés les plus sérieuses que puisse soulever l'établissement d'une législation sur la matière. Parmi les intérêts multiples et divers qui se trouvent aux prises, ils n'ont pas distingué clairement, semble-t-il qu'il en est un qui les domine tous, c'est celui de l'aliéné. Ou du moins, si le législateur a voulu établir pour l'aliéné un régime protecteur, il ne s'est que timidement engagé dans cette voie. Au lieu de la suivre jusqu'au bout, comme l'eût voulu la logique, il a cru devoir s'arrêter au seuil de la famille. Protégé, en effet, plus ou moins efficacement contre la justice, qui est trop lente et trop solennelle, contre l'administration, qui ne l'est pas assez, l'aliéné a été laissé sans protection aucune contre sa famille elle-même. C'est qu'en 1838 on ne se plaçait pas comme aujourd'hui, au moins autant qu'aujourd'hui, au point de vue de l'individu ; et il n'avait pas paru nécessaire de lui assurer contre ceux qui semblent ses protecteurs naturels exclusifs et forcés, toutes les garanties que comporte sa situation. Le droit de la famille était encore intact. L'État dans son respect du « foyer domestique » n'y avait pas encore pénétré pour assurer la protection de l'enfant. Il n'y pénétra pas davantage pour protéger l'aliéné.

Les discussions de la Chambre des pairs, en 1837, révèlent cependant que certains orateurs eurent, selon toute apparence, la notion exacte du problème. « N'y a-t-il donc, disait M. de Montalivet (1), que « l'intérêt des familles dont nous devions nous pré- « occuper ici ? N'est-il pas vrai, au contraire, que « la première préoccupation du législateur, lorsqu'il « s'agit de disposer de quelques-uns des membres de « la société, c'est la liberté individuelle ?

« Sans doute, je veux que la société soit mise à « l'abri des entreprises que peuvent former quel- « ques-uns de ses membres privés de raison. Mais il « serait très facile d'y pourvoir, et il ne serait pas « besoin de frais d'imagination : il n'y aurait qu'à « ressusciter les anciennes lettres de cachet. Mais à « côté de l'intérêt de la société se trouve une liberté « sacrée qui a été conquise par la France et que nous « devons respecter dans la matière qui nous occupe. « Et ce ne sont pas ici de vaines déclamations ; il « n'est que trop certain qu'on a souvent abusé du « droit de séquestration en présumant la folie, et des

---

1. Discours de M. de Montalivet, ministre de l'Intérieur, (discussion de l'art. 5, relatif aux établissements privés).

« actes nombreux de cette nature pourraient vous
« être signalés.

« Ce que nous avons voulu c'est de gêner les
« familles, les gêner non pas dans leurs goûts, dans
« la juste affection qu'elles peuvent avoir pour leurs
« proches ; mais les gêner dans les passions mau-
« vaises, dans les passions cupides qui pourraient
« les porter à faire disparaître, sous prétexte de
« folie, un de leurs membres (1). »

D'ou vient donc qu'après avoir posé en principe
que la première préoccupation, lorsqu'il s'agit de disposer d'un membre de la société, doit être celle de
la liberté individuelle, on n'en ait pas poursuivi plus
sérieusement l'application en 1838 ? C'est sans doute
que le législateur a dû écarter les obstacles qui le
séparaient de son but dominant, la création d'établissements spéciaux pour les aliénés. Or cette création avait été très vivement combattue dans les
Chambres comme une atteinte aux « droits » et à la
liberté des familles. Les « droits », la « liberté » le
« secret » et même, — ce qui est plus inattendu, —
l' « honneur » des familles tinrent, en effet, une
grande place dans les discussions. Le comte Portalis lui-même qui avait déclaré à la tribune qu'il fal-
« lait protéger celui qui ne peut se protéger lui-

---

1. Rapport Roussel, t. II, p. 121 et 122.

« même ; qu'il fallait se défier des sentiments les
« plus naturels, lorsque des passions sordides pou-
« vaient être en jeu » (1), refusait à l'État sans beaucoup de logique, le droit d'exercer une surveillance
sur les familles où se trouve traitée une personne
atteinte d'aliénation mentale : «... Mais quand un indi-
« vidu sera dans sa famille, et qu'il sera atteint de
« folie ou de toute autre maladie, vous le laisserez
« traiter chez lui, vous ne vous immiscerez pas dans
« la question de savoir ce que la famille fait pour sa
« guérison, car il n'y a là qu'un intérêt de bon
« régime de traitement et de guérison dans lequel
« la loi ne peut intervenir »... « Les individus qui
« sont dans leurs familles ne peuvent être considé-
« rés par personne comme atteints d'aliénation. En
« effet, j'ai un malade chez moi ; je le confie aux soins
« d'un médecin, ou je le mets dans une maison de
« santé, personne n'a le droit de s'enquérir de quelle
« maladie il est atteint. C'est là une affaire dans
« laquelle l'autorité publique ne saurait s'immis-
« cer (2). »

A supposer que les auteurs de la loi aient pu
avoir un moment l'intention d'établir un régime de
protection et de surveillance en faveur de l'aliéné

---

1. Rapport Roussel, t. II, p. 117.
2. Rapport Roussel, t. II, p. 112-113.

soigné dans sa famille, ils ont dû pressentir qu'ils allaient se heurter à une opposition de principe devant laquelle leur œuvre tout entière serait mise en péril. Il semble bien, en effet, par les citations qui ont été faites, que la question n'était pas mûre, et qu'à cet égard toutes les appréhensions étaient justifiées. Pour faire admettre par une majorité que les aliénés ne pourraient être placés que dans des établissements spéciaux, il fallait donner aux adversaires de cette disposition l'assurance que le droit de la famille ne serait pas restreint davantage. La lacune de la loi en ce qui concerne le traitement à domicile des aliénés ne serait donc pas la conséquence d'un oubli, mais une omission volontaire, une concession. Il n'en pouvait pas être de plus malheureuse.

Le régime qui résulte, en effet, de la loi de 1838 pour l'aliéné soigné dans sa famille s'analyse dans l'abstention complète de l'État. Aucune autorité publique n'a le droit d'intervenir pour critiquer le traitement auquel cet aliéné est soumis, le mode de gestion de sa fortune, ni même l'absence de tous soins et de tout traitement. Une intervention de l'État ne peut se produire que quand l'ordre public est compromis ou la sûreté des personnes menacée. En dehors de ces cas, l'aliéné n'est protégé que par les dispositions du droit commun.

Il est protégé contre la séquestration par l'article 341

du Code pénal, (1) et par l'application des règles générales sur la liberté individuelle (2). A l'époque où fut rédigé l'article 341, il est infiniment probable qu'on ne songeait guère à l'aliéné. Mais, les aliénés rentrant dans les termes généraux de l'article, cela doit suffire pour qu'il leur soit applicable : ce n'est pas en tant qu'aliénés, mais en tant que séquestrés, que le droit commun les protège.

En second lieu, ce même droit commun fournit à l'aliéné une autre protection avec l'article 309 du Code pénal, qui punit les blessures, coups, violences ou voies de fait contre les personnes (3).

En dehors de ces hypothèses, — par conséquent, s'il n'est pas séquestré, s'il subit des violences qui ne rentrent pas dans les termes de l'article 309 (maladie ou incapacité de travail personnel pendant plus de vingt jours, mutilation, perte d'un œil, etc.) s'il n'est pas ou s'il est mal soigné, l'État n'a pas à intervenir,

---

1. Art. 341 C. pén. : « Seront punis de la peine des travaux-forcés à temps ceux qui, sans ordre des autorités constituées et hors les cas où la loi ordonne de saisir des prévenus, auront arrêté, détenu ou séquestré des personnes quelconques. »

2. Art. 615 et suiv. C. instr. crim ; et art. 114 et suiv. C. pén.

3. Art. 309 C. pén : « Tout individu qui, volontairement, aura fait des blessures ou porté des coups ou commis toute autre violence ou voie de fait, s'*il est résulté* de ces sortes de violences une maladie ou incapacité de travail personnel pendant plus de vingt jours, sera puni d'un emprisonnement de deux à cinq ans, et d'une amende de 16 francs à 2000 francs.... »

du moment que l'individu est dans sa famille. Et l'on arrive à cette conséquence paradoxale que celui qui n'a pas de famille est mieux protégé que celui qui en a une.

Bien plus, quand même le fait de séquestration serait établi à l'encontre des parents, et quand même il s'agirait de la séquestration insuffisamment justifiée d'un aliéné inoffensif, la jurisprudence et un grand nombre d'auteurs considèrent que les dispositions générales des lois sur la liberté individuelle ne trouvent pas ici leur application. Les articles 615, 616, et 617 du Code d'instruction criminelle, en effet, ne protégeraient pas l'aliéné qui n'est plus un citoyen en pleine possession de sa liberté morale et de ses droits. Le Code pénal le considère seulement comme une personne réputée capable de nuire à autrui au même titre qu'un animal dangereux. Par le seul fait qu'ils punissent d'une amende, et même d'emprisonnement au cas de récidive — « ceux qui auront laissé divaguer des fous ou furieux étant sous leur garde », les articles 475 et 478 de ce Code accordent, en effet, sans conteste aux familles le droit de garder et de détenir par force ceux de leurs membres qui sont atteints de folie. Et par là, ils font échec à l'article 341 C'est par ces motifs qu'en 1885 la Chambre des mises en accusation de la Cour de Toulouse a rendu un non-lieu en faveur de personnes poursuivies pour séquestration d'un parent aliéné.

Il est bien évident que le législateur de 1810 n'a pas entendu encourager en aucune façon, même indirectement, les séquestrations arbitraires. Il n'en est pas moins certain cependant qu'en fait les articles 475 et 478 du Code pénal vouent l'aliéné à un arbitraire perpétuel, et laissent le ministère public à peu près désarmé contre les attentats à la liberté consommés à l'intérieur de la famille. Dans les conditions actuelles, pour que les représentants de la loi puissent intervenir, il faut que l'opinion publique leur ait dénoncé des faits exceptionnellement graves, des excès monstrueux entraînant une poursuite criminelle.

On voit combien le droit commun est ici insuffisant. D'ailleurs le droit commun ne peut avoir de sens qu'autant qu'il s'adresse à des individus qui soient en mesure de l'invoquer, qui puissent se défendre, — à des personnes capables, par conséquent. Or, l'on se trouve ici en présence de l'être le plus désarmé qui soit, puisqu'il n'a plus de volonté. « Les aliénés sont une exception dans la société, leur situation ne peut être réglée que par une loi spéciale, exceptionnelle (1). »

Aussi, à ce système de l'abstention de l'État vis-à-vis de l'aliéné soigné dans sa famille, est-il nécessaire

____

1. Ernest Bertrand, *op. cit.*

que se substitue le système de l'intervention de l'État.

Il semblerait qu'à notre époque, en raison des abus révélés par l'expérience, des séquestrations arbitraires qui se sont produites dans l'intérieur des familles, l'opinion dût être unanime à déclarer que, dans l'intérêt des aliénés et des familles elles-mêmes, il est indispensable d'élever un obstacle contre ces abus. Mais la loi de 1838 a cette rare fortune que ses défauts les plus certains trouvent encore des apologistes irréductibles.

Ceux-ci se préoccupent avant tout, — on pourrait dire exclusivement, — de la situation qui serait faite aux familles sous un régime nouveau. Ils ne s'émeuvent qu'à la pensée d'une famille condamnée à divulguer une situation intime douloureuse, à admettre l'autorité dans la confidence d'un secret domestique, à subir son contrôle. Ils sont d'avance hostiles à l'adoption de toute proposition législative « qui, de près ou « de loin, directement ou indirectement, soumettrait « les familles qui ont un de leurs membres aliéné à « un contrôle quelconque de l'autorité publique (1). » « Il n'y aurait plus aucune garantie pour nos foyers, « si une pareille disposition était admise.... Que « deviendrait une famille honorable, affligée dans

---

1. Déclaration de M. Mettetal à la commission nommée, en 1873, par l'Assemblée nationale pour étudier la réforme de la loi. Cf. Rapport Roussel, t. II, p. 339.

« la personne d'une fille chérie, atteinte d'une
« crise de manie hystérique, si, par le fait de ce
« malheur, l'œil indiscret des étrangers pouvait
« pénétrer jusqu'à la malade (1). » M. Lacaze n'était
pas moins pathétique lorsqu'il s'écriait devant la
la même commission de l'Assemblée nationale : « On
« vous l'a dit, et je ne chercherai pas à le contester
« en fait : il y a le péril de la séquestration dans la
« famille. Si je suis un père dénaturé, je puis, avec
« nos lois actuelles, enfermer par contrainte mon
« enfant et le tenir séquestré. Ce sera là un crime,
« et ce crime sera impuni. Je le veux bien, et j'ajoute
« que je redoute moins cet état de choses que celui
« que vous proposez pour le corriger. Comment !
« j'aurai dans ma famille cette cruelle affliction de
« l'aliénation mentale, et vous voudrez me condam-
« ner à rendre cette affliction plus cruelle encore
« en la révélant. Vous dites que la folie est hérédi-
« taire et que la société n'a qu'à gagner si, par suite
« d'une révélation semblable, ma fille est mise dans
« l'impossibilité de se marier. Moi, je réponds que si
« la société a ses droits, qui sont de se préserver par
« sa vigilance, j'ai aussi mes droits, qui sont de sau-
« vegarder ma situation, l'honneur et le bonheur de
« ma famille. Prenez vos informations ; gardez-vous
« de moi et des miens ; mais ne me faites pas une loi

____

1. METTETAL, *Ibid*, Rapport Roussel, t. II, p. 335.

« de me mettre moi-même avec ma famille au ban
« de la société.....

« La loi de 1838 a jusqu'ici protégé suffisamment
« la liberté individuelle et la société, et me prouvât-
« on que cette protection est parfois insuffisante, je
« verrais là un de ces inconvénients qu'il faut savoir
« supporter pour éviter des inconvénients plus
« grands. Je me refuserais pour mon compte à faire
« davantage (1). »

Dans son esprit étroit, dans sa forme surannée,
cette doctrine prétend réduire toute la question à un
antagonisme des droits de la famille et des droits de
l'État, — pour sacrifier aussitôt d'ailleurs les seconds
aux premiers.

Outre que c'est déjà là une opinion qui vaudrait
d'être discutée, cette manière de poser le problème
est fort inexacte. La situation est en réalité moins
simple. Tout d'abord, l'intérêt familial et l'intérêt
social ne sont pas seuls en présence. En dehors
d'eux, au-dessus d'eux l'intérêt de l'individu doit
trouver place. Et non seulement il n'est pas permis
de le passer sous silence, mais de toute nécessité il
doit figurer au premier rang. Toute autre préoccupation est, en définitive, secondaire et doit fléchir
devant l'intérêt de l'individu d'accord avec l'intérêt
de la société.

---

1. Cf. Rapport Roussel, t. II, p. 340.

Sur quoi se fondent d'ailleurs ces droits de la famille qu'on a tant invoqués ? On s'est contenté de les affirmer. Et si la preuve n'en a pas été faite, c'est moins, sans doute, en raison de leur prétendue évidence qu'en raison, croyons-nous, de leur inexistence même. Il n'est pas vrai que les familles aient, par le fait de l'aliénation, un droit absolu de disposer de l'aliéné (1). Celui-ci n'appartient pas plus à sa famille, il n'est pas plus abandonné à sa discrétion que quand il était sain d'esprit. Il est avant tout placé sous la protection de la société et de la loi. S'il est abandonné, dans une certaine mesure à la direction de sa famille, ce n'est point que celle-ci ait un droit sur lui, c'est uniquement parce qu'il est présumé que l'affection naturelle entre parents est une garantie qu'il sera traité comme il doit l'être (2). Mais il est indispensable que la société conserve le droit de veiller sur la manière dont la famille remplit ses obligations naturelles.

Non seulement l'établissement de ce contrôle de

---

1. Un pareil droit ne se concevrait plus de nos jours où l'organisation primitive de la famille a subi des modifications profondes et où les parents n'ont plus aucun pouvoir sur leurs enfants majeurs.

2. Garantie, au demeurant, assez souvent illusoire : il n'est pas rare, en effet, quand tout espoir en une guérison prochaine a dû être abandonné, qu'on perde peu à peu, avec l'affection qui s'éteint, la conscience du droit individuel chez celui dont la raison n'existe plus et dont la personnalité s'efface.

l'État est une sauvegarde précieuse pour la liberté individuelle, mais on peut dire qu'il y va aussi de l'intérêt bien entendu de la famille. L'expérience a fait apercevoir clairement cette vérité à des nations voi-sines qui professent au même degré que nous le respect du foyer domestique, mais chez lesquelles le culte de la famille est un culte raisonné et non pas une superstition. Il s'agit moins ici assurément de l'intérêt des familles qui arrivent à se rendre coupables de séquestration arbitraire, et dont le crime sera prévenu et rendu plus difficile, que de l'intérêt des familles qu'un sentiment naturel et respectable trompe et qui, voulant tenir secrète le plus longtemps possible une atteinte d'aliénation mentale et reculant devant un traitement dans un établissement spécial, renferment le malade, l'isolent dans une chambre, et, au besoin, s'il résiste, emploient la contrainte pour le maîtriser (1). Le résultat le plus ordinaire qu'obtiennent ainsi les familles, c'est que, faute d'un bon traitement, très difficile à instituer dans ces conditions, le mal se prolonge, s'aggrave,

---

1. La séquestration à domicile est bien souvent beaucoup plus rigoureuse que dans les asiles, où les aliénés peuvent se mouvoir dans un large espace et jouir, dans une certaine mesure, de la vie en commun ; sans parler des cas trop fréquents où elle mérite les sévérités du Code pénal, elle est toujours la contrainte pure ou, tout au moins, la privation de la liberté dans ce qu'elle a de plus funeste pour la santé physique et morale de l'homme.

et que, par suite, le secret est bien plus sûrement divulgué que par un placement (1).

« D'autre part, un résultat trop fréquent, plus
« triste encore, c'est celui que la prolongation du
« mal et l'emploi de la contrainte produisent sur le
« moral même de la famille : à mesure que les chan-
« ces de guérison diminuent, le sentiment qui avait
« inspiré la séquestration fait place à d'autres ; à
« l'affection première, à l'amour-propre, à l'orgueil
« s'ajoutent, puis se substituent les suggestions de
« l'intérêt, bientôt l'indifférence, et enfin les mau-
« vais traitements qu'on retrouve presque fatalement
« à la fin d'une séquestration domestique prolon-
« gée (2). »

Un régime nouveau, en prévenant les familles, en les arrêtant au besoin par force à mi-chemin sur une pente redoutable, sauvegardera mieux leurs vrais intérêts que le privilège exorbitant maintenu à leur profit par la loi de 1838.

Quel devra être ce régime ?

Les projets du Sénat et de la commission de la Chambre des députés (3) distinguent suivant que

---

1. Dans l'intérêt public, au reste, il est désirable que ce secret ne soit pas gardé.

2. Th. Roussel. *Rapport*, t. I, p. 87.

3. Texte adopté par le Sénat, art. 8 ; texte proposé par la Chambre, art. 9.

l'aliéné est soigné par un parent ou un allié plus ou moins éloigné et suivant que le traitement se prolonge ou non durant plus de trois mois.

Si les soins sont donnés par le tuteur, autorisé par le conseil de famille à se charger du traitement, par le conjoint, par l'un des ascendants ou l'un des descendants, le frère ou la sœur, l'oncle ou la tante du malade, et que la nécessité de tenir le malade enfermé n'a pas duré trois mois, le régime de la loi de 1838 est maintenu.

Si les soins sont donnés par un parent ou un allié d'un autre ordre, ou quand il s'agit des proches parents qui viennent d'être énumérés lorsque le délai de trois mois est dépassé, il faut faire une *déclaration* au procureur de la République du domicile du malade et à celui du domicile où il est soigné, et fournir un certificat médical analogue à celui qui est réclamé pour le placement dans un asile. La surveillance publique s'étend dès lors à cet aliéné. Le procureur de la République peut demander qu'un nouveau rapport médical lui soit fourni. Les inspecteurs peuvent pénétrer dans la maison. Et si on ne juge pas suffisants les soins que reçoit l'aliéné, le tribunal peut confier le malade à un autre parent, ou même le placer dans un asile.

Un autre système, plus simple peut-être, consisterait à assimiler à un asile, suivant la règle anglaise, toute maison où un aliéné est soigné, même seul, et à rendre obligatoire la déclaration de l'aliénation mentale pour toute personne ayant chez elle un aliéné (1). La logique voudrait qu'il en fût ainsi, sachant surtout que l'aliéné séquestré dans sa famille ne trouve souvent dans son entourage que cupidité et incurie.

En Belgique, en Norvège, en Écosse, en Italie, là où le placement des malades à domicile fait partie de l'organisation de l'assistance des aliénés, les malades ainsi retenus sont l'objet de la part de l'autorité publique d'une surveillance absolument immédiate. En Angleterre, ce sont les *commissionners in lunacy* qui sont chargés de cette mission de surveillance. Ils l'exercent avec les pouvoirs de contrôle les plus étendus ; ils ont même des attributions judiciaires.

Il faudrait qu'il en fût ainsi chez nous.

SECTION II

De l'admission dans les établissements d'aliénés.

Les dispositions de la loi de 1838 relatives aux placements sont peut-être celles qui ont été de tout temps le plus passionnément et le plus âprement

---

1. Contre-projet VAILLANT (1898). Dans le même but de préservation sociale, nos lois actuelles sur l'hygiène obligent à déclarer les personnes atteintes de certaines maladies contagieuses. C'est ainsi que la loi du 15 février 1902 sur la protection de la santé publique exige que pour vingt-six maladies fréquentes une déclaration soit faite à l'administration. Le médecin de l'administration a même le droit de visite.

discutées. Dès 1838, on les signalait comme des plus redoutables pour la liberté individuelle, dont les droits étaient « méconnus et sacrifiés ». Les bonnes intentions du législateur n'étaient cependant pas douteuses. Et si les pressantes revendications du droit individuel paraissent avoir tenu une moindre place dans ses préoccupations que les droits de la sécurité publique et ceux de l'humanité, c'est parce que ces derniers étaient alors plus notoirement en souffrance. Le besoin le plus vivement senti était celui de tirer l'aliéné de l'abandon où le plus souvent il était laissé, et de l'arracher à la condition misérable qui lui était faite. Il fallait l'enlever à la rue, aux cachots, aux cabanons, aux renfermeries ; et pour cela lui créer des *asiles* où non seulement il serait hors d'état de nuire, mais où il trouverait les conditions les plus favorables pour recouvrer la raison et la santé.

La question s'était donc posée ainsi : l'aliéné est un malade qu'il faut guérir, ou du moins soigner et garder ; sa guérison dépend de la promptitude apportée à son traitement ; en conséquence, le premier devoir du législateur est nécessairement de faire intervenir d'abord, et le plus tôt possible, la science médicale, seule compétente pour prononcer sur l'existence de l'aliénation ; il doit, pour les mêmes raisons, recourir immédiatement à l'autorité administrative, responsable de la sécurité publique et

habituée aux mesures expéditives qui répugnent à
la justice. Les auteurs de la loi ne perdaient pas de
vue que l'admission dans un asile d'une personne
qui y est amenée comme aliénée, sa maintenue, sa
sortie doivent être entourées de beaucoup de précautions pour éviter les erreurs et déjouer les calculs criminels; ils reconnaissaient la nécessité d'assurer le contrôle du pouvoir judiciaire, protecteur des
droits privés et de la liberté individuelle; mais ils
n'admettaient pas que ces mesures pussent être
préalables à l'admission qu'elles auraient entravée et
retardée; elles ne pouvaient être que consécutives.
« Nous n'avons pas voulu, disait Vivien, faire une loi
« judiciaire, de procédure, une loi de chicane; nous
« n'avons pas voulu imposer des formalités désas-
« treuses, onéreuses, contraires aux vues que nous
« vous proposions. Nous avons considéré d'abord
« l'intérêt du malade, parce que c'est dans cet inté-
« rêt que la loi est faite.

« C'est dans cette pensée qu'ont été rédigées tou-
« tes nos propositions. Nous n'avons pas négligé la
« liberté individuelle, nous avons fait tout pour
« qu'elle ne puisse être compromise en aucune cir-
« constance. Mais nous n'avons pas voulu, par une
« exagération qu'on aurait pu à bon droit nous
« reprocher, donner à la loi un caractère qui aurai
« fait qu'au lieu d'être favorable aux aliénés, elle
« aurait tourné contre eux. »

§ 1. — Critique générale du système de la loi.

C'est cette doctrine et ce système qui, on le sait, avaient prévalu dans les deux Chambres. Mais si louables qu'aient été les intentions du législateur, et sans méconnaître la force des motifs qui l'ont déterminé, on doit dire, — laissant provisoirement de côté certaines imperfections de détail, qui sont secondaires, — que le système adopté en 1838 est entaché d'un vice fondamental, c'est de déroger aux principes élémentaires de notre droit en matière de liberté individuelle. Cette liberté est mise, sans aucune intervention préalable du pouvoir judiciaire, à la discrétion de l'autorité administrative, ou même d'un particulier, le premier venu, muni d'un certificat émané d'un médecin quelconque.

C'est le reproche capital qui, dans la discussion de la loi, avait été très violemment formulé contre elle (1) ; c'est encore celui qu'on lui fait aujourd'hui.

Puisqu'une « autorité publique » devait nécessairement être appelée à statuer sur le placement, on avait à choisir entre l'autorité judiciaire et l'autorité admi-

---

1. Discours de MM. de la Rochefoucauld, Auguis, Salverte, Isambert et Odilon-Barrot.

nistrative. Et c'est ainsi, du reste, que l'exposé des motifs du projet de 1837 avait posé la question. Mais des « considérations décisives » avaient aussitôt amené le gouvernement à « reconnaître que l'auto- « rité administrative était celle qui était appelée par « la nature de ses fonctions à ordonner l'isolement. » L'ordre des mesures qu'il s'agissait de prescrire réu- nissait, disait-on, tous les caractères qui appartiennent aux attributions de l'autorité administrative, puisqu'il s'agissait « *essentiellement* de mesures de sûreté publi- que, d'ordre public. » Le placement d'ailleurs exi- geait ordinairement une extrême célérité, une pru- dence, une discrétion, qui se conciliaient difficilement avec la lenteur et la solennité des formes judiciaires et qui étaient faciles et naturelles aux opérations administratives.

« Dira-t-on qu'on pourrait transporter cette attri- « bution à l'autorité judiciaire, en supprimant la len- « teur, la solennité, l'appareil des formes ? Alors « pourquoi la charger d'un soin *qui lui est étranger,* « en la dépouillant des garanties qui lui sont pro- « pres ? S'il y a un motif pour réclamer cette attri- « bution en faveur de l'autorité judiciaire, il ne pour- « rait être puisé que dans ces garanties elles-mêmes, « placées dans les formes dont elle s'entoure. Dans « le cas où l'observation de ces formes est impossi- « ble, l'exercice de son pouvoir n'apporterait aucun « avantage qui ne se retrouve pas dans l'action admi-

« nistrative, et serait privé de ceux que l'action admi-
« nistrative possède en propre. »

Le ministre faisait remarquer qu'en outre l'autorité
judiciaire n'était pas soumise à une responsabilité
qui pesait toujours sur l'action administrative et
qu'enfin celle-ci, en s'exerçant, subirait de la part de
l'autorité judiciaire un contrôle, qu'en aucun cas,
l'autorité judiciaire ne pourrait subir de la part de
l'autorité administrative ; il y aurait donc là, disait-il,
deux garanties au lieu d'une.

Si l'on admet que la loi doive être « essentiellement » une loi de police, la thèse présentée par
M. de Gasparin, à laquelle la dialectique vigoureuse
et serrée de Vivien devrait donner une force nouvelle, est assurément soutenable. Mais ce n'est plus
avec ce caractère dominant, essentiel, presque exclusif, de loi de sûreté, qu'une loi sur les aliénés se présente à nous. On ne concevrait sans doute même
pas de nos jours qu'une telle loi ne fût pas tout
d'abord une loi d'assistance et de protection de l'individu plutôt qu'une loi de défense sociale. L'intérêt
de la société, il est vrai, doit nécessairement tenir
une place dans la loi, mais il ne doit pas être toute
la loi. La liberté individuelle présente un intérêt
aussi général et mérite au même titre de retenir la
sollicitude du législateur.

Même si la folie est indiscutable, — à plus forte raison si elle n'est pas établie avec certitude, — il n'est

pas vrai de soutenir, comme l'a fait Vivien, que la liberté individuelle n'offre plus, en somme, qu'un intérêt théorique. Là était le point faible de cette argumentation spécieuse. Les véhémentes ripostes d'Isambert et d'Odilon-Barrot le firent voir.

Justement préoccupés des questions de droit qui naissent de la séquestration d'un aliéné, — questions de liberté, questions d'état, questions de capacité, — et qui sont de la compétence exclusive des tribunaux, ils refusaient absolument à l'autorité administrative le droit d'autoriser d'office un placement. Ils admettaient bien qu'en cas d'urgence l'autorité chargée de veiller à la sécurité publique, prît des mesures provisoires ; mais ils réclamaient une disposition de loi conférant à la justice seule le droit de prononcer une décision définitive. La nécessité de l'intervention judiciaire se trouvait donc rattachée à la cause de la liberté individuelle. « S'il y a, disait Odilon-Barrot, « s'il y a un principe fondamental dans notre droit « public et dans notre droit civil, c'est qu'on ne peut « toucher à la personne [et à la propriété] des citoyens « que par des actes de justice... Nous sommes un « pays de justice et de droit... Eh bien ! le droit dans « ce pays, c'est qu'on ne peut toucher ni à la per- « sonne ni à la propriété qu'en vertu d'actes judi- « ciaires, d'actes de juridiction régulière... » La position ainsi prise par Odilon-Barrot était, croyons-nous, inexpugnable. En tout cas il ne fut rien répondu de décisif à son argumentation. Et Vivien, qui n'y pouvait contredire, ne l'emporta que par des arguments à-côté.

Mais aujourd'hui l'opinion tend de plus en plus vers un retour à la doctrine traditionnelle d'Odilon-Barrot et d'Isambert. Combattue par la plupart des aliénistes, naturellement plus préoccupés du sort de l'aliéné en tant que malade, que de la liberté individuelle, elle n'a pas cessé depuis 1838 de compter des défenseurs parmi les juristes, et tous les projets de loi déposés depuis l'enquête extra-parlementaire de 1881 l'ont admise.

On n'a quelquefois voulu voir dans cette translation à l'autorité judiciaire du pouvoir donné aujourd'hui à l'administration qu'un déplacement inutile de la responsabilité des séquestrations, déplacement qui n'ajouterait rien aux garanties et même les diminuerait. C'est l'opinion qu'avaient soutenue en 1838 les auteurs de la loi. Aujourd'hui, a-t-on dit, l'autorité administrative ne statue qu'en premier ressort ; le recours à l'autorité judiciaire reste toujours ouvert. Si l'autorité judiciaire statuait au début, il y aurait un degré de juridiction de moins. On prétend d'ailleurs que les formes judiciaires ne se prêtent pas à la mission qu'on veut donner aux magistrats et qu'elles entraîneraient des inconvénients graves.

Ces objections contre l'action du pouvoir judiciaire ne sont pas aussi sérieuses qu'on a paru le croire.

En dehors de la raison de principe, suffisante à elle seule cependant, qui exige que soient soumises à des juges, et rien qu'à des juges, les causes qui intéressent la liberté individuelle, il est d'autres motifs pour justifier la réforme et pour montrer qu'elle ne se réduit pas à un déplacement inutile des responsabilités. Les magistrats apporteront à l'examen des causes un esprit averti, une prudence, une circonspection qui leur sont habituelles et qui, quelquefois, font défaut à l'administration. D'ailleurs il ne s'agirait pas de déférer à un tribunal l'examen de la nécessité de la séquestration de chaque aliéné et de lui faire rendre un jugement, mais simplement de charger des fonctionnaires de l'ordre judiciaire des fonctions que l'administration remplit aujourd'hui. Si, en effet, l'aliéné a droit à des garanties analogues à celles qu'on accorde, avec raison, même à un malfaiteur, il est nécessaire qu'elles soient adaptées à cette situation particulière, organisées de telle sorte qu'elles ne puissent nuire à celui qu'elles ont pour but de protéger. Les juges feraient donc sans publicité, sans formes solennelles ce que ne peut faire le préfet. Ils examineraient eux-mêmes l'affaire qui leur serait renvoyée par l'administration (1) ; ils

---

1. Le projet de réforme proposé distingue, en effet, en matière de placement entre le *provisoire* et le *définitif*. L'administration, responsable de la sécurité publique, y conserve le droit de faire interner

compléteraient ou feraient compléter l'information si elle leur paraissait insuffisante ; dans les cas douteux ils feraient procéder à un nouvel examen médical et, au besoin, iis verraient et interrogeraient l'aliéné ; — avec leurs habitudes judiciaires ils ne statueraient qu'après avoir acquis une *conviction personnelle*. C'est là une garantie sérieuse qui fait défaut dans le régime actuel. Car le pouvoir reconnu par la loi à l'autorité administrative n'est pas, et ne peut pas être exercé *directement* par le préfet ; il ne l'exerce que par des intermédiaires non autorisés par la loi, qu'il couvre de sa responsabilité. Où est ici la garantie ?

Il n'est pas plus exact de dire qu'il y aurait un degré de juridiction de moins, puisque l'administration agirait provisoirement et que le magistrat statuerait ensuite. De plus, en l'absence de publicité et de formes solennelles, la décision des juges interviendrait très rapidement : les cas d'urgence d'ailleurs sont assez faciles à reconnaître pour qu'un long examen ne soit pas nécessaire ; et quant aux cas douteux, qui réclament un examen très attentif, on peut dire qu'il n'y a jamais urgence. Enfin, comme les indivi-

---

d'urgence tout individu quand elle le juge nécessaire, mais dès la première heure y interviennent les garanties judiciaires destinées à protéger la liberté.

dus examinés seraient déjà l'objet d'un placement provisoire dans un quartier d'observation, où ils recevraient des soins, on peut dire que tous les intérêts seraient suffisamment garantis et qu'ainsi un progrès très appréciable serait réalisé.

A. — *Placement d'office.* — Il a été généralement moins attaqué par les auteurs que le placement volontaire, non point seulement parce que, comme on l'a écrit : « La femme de César ne peut être soupçonnée », (1) mais parce que, s'il n'est pas sans exemple qu'on ait séquestré d'office des aliénés non dangereux, au lieu de suivre les formes ordinaires, ni qu'on ait quelquefois abusé du droit de séquestrer d'office pour assurer un asile et des secours à des individus qui auraient dû rester dans leurs familles, on n'a jamais cité un seul cas bien établi où un individu *non aliéné* aurait été séquestré par ordre de l'administration. Toutefois si l'administration ne peut être soupçonnée de sacrifier sciemment la liberté d'un citoyen à des intérêts privés, il est toujours à craindre, que, dans son zèle à protéger la sécurité publique, elle se trompe ou soit trompée. Sans doute les médecins qu'elle emploie sont choisis parmi les plus compétents et les plus honorables, mais ils sont comme tous les autres, sujets à l'erreur ; et

---

1. Garsonnet. *Loi des aliénés (Revue contemporaine,* 1869.)

avec les meilleures intentions du monde un préfet ou un commissaire de police mal renseigné peut envoyer dans un asile, pour le premier accès de fièvre venu, une personne qui n'est pas folle.

On dira : mais, d'après la loi, les placements d'office, ainsi que l'opposition à la sortie des aliénés placés par des particuliers, ne sont autorisés qu'à l'égard des aliénés qui compromettraient l'ordre et la sécurité publique. On peut répondre, la loi n'a pas défini les signes auxquels on reconnaîtra que la sécurité publique est *réellement* compromise. Il en résulte qu'on s'en rapporte entièrement aux dires des médecins (1) qui déclarent un aliéné dangereux. Or la plupart des aliénistes modernes déclarent que tout aliéné est dangereux. Aussi le droit de séquestrer d'office est-il, en fait, illimité. L'article 18 laisse donc place à un arbitraire absolu.

Pour porter remède à une situation aussi grave, il est nécessaire de définir les cas où la séquestration d'office et l'opposition à la sortie pourront être ordon-

---

1. En fait l'avis du médecin est toujours suivi par le préfet qui se borne à signer l'ordre de placement. Si bien qu'on a pu dire de la loi de 1838 qu'elle a créé un pouvoir nouveau, le pouvoir médical. Il y a sans doute quelque exagération dans cette opinion, mais il faut reconnaître que l'attitude effacée du préfet contribue pour une large part à faire voir dans le médecin autre chose que ce qu'il est en réalité, un expert.

nées. On pourrait à cet égard s'inspirer des termes
plus précis de la loi anglaise. Celle-ci veut que
l'aliéné ait été « découvert et arrêté dans des circonstances qui dénotent un dérangement d'esprit et l'intention de commettre un crime pour lequel, s'il était
commis, il pourrait être traduit en justice (1) .»

Qu'on n'invoque pas ici pour maintenir le système
de la loi l'absence de plaintes. N'y eût-il jamais eu
de plainte, il ne s'ensuivrait pas que la loi ne dût pas
être changée ; car c'est sur la loi et non sur l'intégrité des fonctionnaires que doit s'appuyer la sécurité des particuliers. L'absence de plaintes ne prou-
verait même pas, au reste, qu'il n'y ait pas eu d'abus :
il se peut, en effet, qu'une personne injustement
séquestrée s'abstienne de porter plainte après sa libération, afin de cacher au public un internement qui,
révélé, laisserait peser sur elle une suspicion de folie.
D'ailleurs il y a eu des plaintes, et si les tribunaux
n'ont guère trouvé jusqu'à présent, dans les faits de
ce genre, matière à responsabilité pénale ou à réparation civile, ils ont indirectement, soit en reconnais-
sant la validité d'actes juridiques, soit en refusant

---

1. La loi écossaise n'est pas moins précise : elle ne permet d'arrê
ter l'aliéné que « quand il est accusé d'attaque ou d'autre délit qui met
en danger un citoyen, ou quand il est trouvé dans un état qui peut
faire craindre un danger pour les citoyens, ou un état qui blesse la
décence publique. »

l'interdiction, soit en ordonnant la sortie, constaté
l'état normal de personnes enfermées comme folles.
A cet égard il est intéressant de rapprocher le nombre des demandes de sorties et celui des sorties
ordonnées par la justice. L'enquête de 1869 a révélé
qu'en cinq ans et demi, sur quarante-huit demandes,
vingt-quatre, la moitié, ont été admises par les tribunaux. Il est permis de se demander, en présence
de cette proportion, si le pouvoir judiciaire préala-
blement consulté n'aurait pas dans un bon nombre
de cas refusé le placement.

Quant à l'intervention judiciaire instituée par la
loi de 1838 pour faire, en quelque sorte, contrepoids
à l'arbitraire du préfet, elle est loin d'être suffisante :
d'abord, parce qu'elle n'a lieu que quand le placement est déjà effectué, au lieu d'être préalable,
ensuite parce qu'elle n'a pas lieu obligatoirement
dans tous les cas, mais seulement quand une demande est introduite par le ministère public, par
les parents, ou par la personne internée elle-même.

Ainsi le rôle dévolu à la justice ne se rattache pas
juridiquement au placement, qui est complet, définitif, avec l'arrêté du préfet, et qui, en tant que placement est inattaquable.

Il ne paraît pas possible de se contenter de ce
minimum d'intervention judiciaire : la faculté d'une
action en sortie. Non pas que la pratique n'offre
quelques exemples de pareils recours ; mais bien,

parce que c'est là un moyen de droit commun et que le droit commun n'est plus suffisant lorsqu'il s'agit d'un être aussi désarmé, présumé aussi incapable que l'aliéné ; d'ailleurs on ne saurait se contenter non plus du droit accordé aux parents, parce qu'ils sont ou peuvent être suspects.

Il faut aussi rassurer l'opinion publique trop portée à penser qu'une fois refermées les portes de l'asile ne se rouvrent plus. C'est pourquoi, avant que les portes n'en soient définitivement closes, il sera nécessaire de mettre en œuvre les garanties de l'efficacité desquelles on doute quand l'internement est un fait accompli.

Tel devra être, semble-t-il, le sens général d'une réforme de la loi sur ce point.

B. — *Placement volontaire.* — Les critiques qu'on a faites du système de la loi de 1838, en matière de placement d'office, s'appliquent avec plus de force encore au placement volontaire. C'est ici que la loi offre le moins de garanties. Permettre d'écrouer une personne quelconque dans une maison d'aliénés, à l'aide d'une simple formalité privée, sans aucune intervention, soit du tribunal, soit de l'administration, c'est là une exception dangereuse qui ouvre la porte à tous les abus (1).

---

1. La famille elle-même, dont l'avis est pris pour l'interdiction, n'est pas en pareil cas consultée.

On sait que le projet primitif exigeait une autorisation du préfet pour que le placement volontaire pût avoir lieu. Mais, après discussion, la mesure avait été jugée inutile. La raison d'une décision aussi étrange a été fournie par Vivien dans son premier rapport (1) : « *Dans l'intérêt même de la liberté* « *individuelle*, dit-il, l'autorisation préalable du pré- « fet ne doit pas être exigée. Maîtresses d'effectuer « elles-mêmes le placement, les familles demeurent « chargées de toute la responsabilité de cet acte ; « elles en sont seules comptables à la justice du « pays. Si, au contraire, le préfet a donné son auto- « risation, la responsabilité de la famille disparaît « et passe tout entière à l'administration. Or, croit- « on qu'il serait toujours impossible de surprendre « une autorisation pour les cas où la séquestration « serait opérée dans de coupables vues?...» La garantie résultant de la nécessité d'une telle autorisation paraissait médiocre ; au lieu de la renforcer comme l'eût voulu la logique, on la supprimait.

« Donc, voilà qui est clair, écrit M. Huc (2) : une « famille machine contre un de ses membres le crime « de séquestration arbitraire ; — si elle ne peut agir « qu'en vertu d'une autorisation du préfet, elle arri-

---

1. *Moniteur* du 21 mars 1837, p. 630.
2. *Op. cit.*, p. 11.

« vera plus difficilement à ses fins que si elle peut se
« passer d'une autorisation. N'importe : *dans l'intérêt*
« *bien entendu de la liberté individuelle*, elle n'aura
« besoin de l'autorisation de personne, elle pourra
« agir à son aise; mais aussi sa responsabilité ne
« paraîtra pas affaiblie et demeurera entière !

« Cela ne rappelle-t-il pas la réponse désormais
« célèbre de ce médecin qui, ayant constaté un
« empoisonnement commis presque sous ses yeux,
« déclarait n'avoir pas voulu donner de contre-poi-
« son afin de ne pas compromettre les résultats de
« l'autopsie ? »

Il suffit donc aujourd'hui pour opérer un placement semblable d'une demande d'admission faite par
une seule personne — parente ou non parente —,
assujettie à de certaines formes auxquelles il est
toujours facile de satisfaire, et un certificat de médecin. En dernière analyse, il n'y a pas autre chose,
disait le comte Portalis, qui cependant approuvait
les dispositions principales de la loi.

La demande d'admission ne sert qu'à établir la
responsabilité éventuelle du signataire, mais cette
responsabilité qu'il encourt n'empêche point de passer outre au placement. Il est même aisé d'y échapper et on est fondé à dire que l'impunité est toujours assurée au coupable : l'erreur, en effet, est-
elle reconnue ? celui-ci a toujours la ressource de
plaider la bonne foi et de déclarer qu'il a cru agir

dans l'intérêt de la victime. Il est si difficile de prouver le contraire que la pratique n'offre pas d'exemple qu'on ait trouvé dans de tels actes matière à réparation civile ou à responsabilité pénale. Le certificat favorable, qu'on aura obtenu d'un médecin dupe ou complice, sera d'ailleurs un puissant argument en faveur de la bonne foi. Mais d'autre part, la demande peut fort bien être admise. Un directeur d'asile, habitué à voir chaque jour des malades très gravement atteints, dont la folie ne se révèle qu'après de longues observations, recevra le malade et attendra patiemment l'apparition des symptômes. L'internement consommé dans de telles conditions ne durerait-il que quelques jours, ce serait déjà trop ; il n'en faut pas davantage pour que des actes irréparables puissent être commis.

. Il reste donc qu'en définitive la seule garantie offerte par la loi réside dans le certificat médical.

. C'est une garantie très menaçante que ce certificat, signé par un seul médecin, auquel la loi donne en quelque façon, l'autorité de la chose jugée. Constatée sous n'importe quelle forme, il est sûr que l'opinion des médecins doit être prise en sérieuse considération, mais elle ne saurait constituer la sentence même. Dans la procédure d'interdiction le médecin n'est appelé que comme expert, et son avis ne suffit pas toujours à entraîner la décision des juges. Et ici, dans une mesure bien plus grave, la plus grave qui puisse atteindre un homme libre, la loi se contente de la signature du médecin. Bien plus, elle se contente de la signature d'un seul médecin quand il n'est pas rare que plusieurs se trompent. Qu'il y ait erreur, mauvaise foi, étourderie, trop grande facilité à voir de l'aliénation mentale dans les moindres bizarreries, il n'en est pas moins certain que, sur le seul vu d'un certificat, un individu sera enfermé.

Aux termes de la loi, il est vrai, le certificat qui constate l'état mental de la personne à placer, doit indiquer les particularités de la maladie et conclure à la nécessité de l'intervention.

Mais pour que les prescriptions de la loi sur ce point pussent produire effet il faudrait que l'aliénation mentale fût si parfaitement délimitée qu'on pût la reconnaître avec certitude. Toute affection cérébrale qui se révèle par des signes physiques n'est pas difficile à constater ; mais certaines formes subtiles d'aliénation laissent place à bien des erreurs. Et pour ces cas embarrassants où l'on ne sait si c'est la folie qui côtoie la raison ou la raison qui côtoie la folie, ce n'est qu'en les comparant à ses idées propres qu'on peut juger les idées d'autrui. L'affirmation d'un seul médecin est donc ici très loin d'être suffisante.

D'ailleurs c'est un des abus les plus criants du régime actuel que l'insuffisance des mentions portées par le certificat médical. En fait, de l'aveu de tous les médecins d'asiles ces certificats sont le plus souvent rédigés de la façon la plus sommaire. L'enquête administrative de 1869 a même révélé dans certains départements des pratiques singulières. Dans les régions montagneuses de l'Ardèche, par exemple, où les communications sont plus difficiles, les internements avaient lieu bien souvent sans certificat de médecin (1). Il n'est pas admissible qu'on tolère de semblables violations des lois protectrices de la liberté individuelle ; l'administration qui les pratique fournit ainsi les meilleurs arguments à ceux qui veulent la déposséder de ses prérogatives ; et la loi qui les rend possibles appelle impérieusement une réforme.

Il faut noter d'ailleurs que la loi elle-même dispose qu'au cas d'urgence les chefs des établissements *publics* pourront se dispenser d'exiger le certificat du médecin. C'est là une disposition dangereuse : quelle est cette urgence et qui pourra la constater ? Comment la famille peut-elle, en l'absence de tout secours médical, savoir si le malade est atteint d'une affection mentale réelle ou d'un délire symptomatique d'une affection quelconque ? Il n'y a pas au reste d'affection mentale si foudroyante qu'elle ne permette de faire voir le malade à un médecin.

---

1. Roussel, II, p 218.

Ainsi donc, non seulement la loi ne doit en aucun cas dispenser de produire un certificat médical pour procéder à un internement, mais bien au contraire, elle doit chercher avant tout à obtenir dans tous les cas, des certificats plus complets, plus précis, (1) caractérisant l'espèce morbide définie à laquelle correspond l'état mental du malade ; — non pas une simple description symptomatique des caractères de la maladie, mais un *diagnostic* : un certificat sans diagnostic ayant tout juste la valeur d'un jugement sans motif. — A cet égard une définition légale de l'aliénation mentale ne serait peut-être pas sans utilité (2). Assurément, quelle qu'elle soit, cette définition ne saurait avoir une portée juridique absolue ; il y a, on le sait, des cas intermédiaires qui ne sont pas susceptibles d'aucune classification précise et qui ne peuvent pas entrer exactement dans les cadres d'une définition. Mais elle entraînerait sans doute pour le médecin l'obligation morale de rédiger avec le plus

---

1. Il serait même à désirer, comme le prescrit la loi anglaise, que le médecin indiquât séparément les faits qui lui sont communiqués et ceux qu'il a constatés directement, — les premiers ne pouvant à eux seuls motiver un ordre d'admission.

(Cf. Dr Toulouse. Rapport au nom de la sous-commission chargée d'étudier l'assistance des aliénés en Angleterre et en Écosse. *Conseil général de la Seine*, p. 20).

2. Voir au sujet de cette définition même le rapport de M. Larnaude à la Société d'Études législatives. *Bulletin*, 1904, p. 32 et suiv.

grand soin son certificat, d'y fournir plus de détails, d'y établir un diagnostic. C'est là l'essentiel, et ce peut être une garantie très sérieuse. En tout cas, ce certificat détaillé faciliterait singulièrement la mission du médecin de l'asile qui, sous le régime actuel, ne dispose que de vingt-quatre heures pour examiner le malade et faire parvenir à la préfecture son appréciation motivée.

Mais peut-on même se contenter de ce certificat unique ? Quelques législations d'Amérique et la loi anglaise de 1890 en exigent deux.

Sur cette question du double certificat médecins et juristes paraissent chez nous très divisés. Les aliénistes, pour la plupart, sont hostiles à la réforme et ceux qui s'y montrent favorables ne l'admettent pas sans de grandes réserves.

On invoque en premier lieu l'intérêt du malade qui commande d'enlever au plus vite celui-ci à son milieu habituel. Il est bien certain, en effet, que l'exigence de deux certificats amènera nécessairement un retard dans le placement, au moins pour les campagnes, et ce retard peut être préjudiciable au malade.

On a ensuite exprimé la crainte que le second médecin ne joue ici le rôle de pure forme du second notaire dans les actes solennels.

D'ailleurs, objecte-t-on encore, le second certificat n'est une garantie qu'autant qu'il est délivré par un médecin compétent, plus compétent au besoin que le premier.

Ce sont là assurément des raisons sérieuses. Il est cependant possible d'y répondre.

Tout d'abord, en raison de la facilité des communications et de la rapidité des moyens de locomotion dont on dispose à notre époque, le second certificat ne retardera que bien peu la mise en traitement; pour un retard en somme aussi léger on aurait tort sans doute de renoncer à une garantie qui peut devenir très efficace. Il y a d'ailleurs une raison décisive en faveur du double certificat : c'est que toutes les législations ont admis des règles particulières et exceptionnelles pour le cas d'urgence (1), et que rien ne s'oppose à ce que nous les imitions encore sur ce point.

De plus, si l'on devait craindre que les sentiments de confraternité soient assez forts entre médecins pour que le second accepte aveuglément les conclusions du premier, si même il ne se borne pas à les transcrire, ne serait-ce pas la condamnation de la pratique des consultations en général ? Du reste, quel rapprochement peut-on établir entre la situation de fait d'un homme qui est menacé dans sa liberté et celle

---

1. C'est ainsi que dans ce cas la loi anglaise se contente d'un certificat unique.

de cet autre à qui la loi impose, dans son intérêt, pour la régularité d'un acte, l'intervention de deux notaires ? En présence de la lourde responsabilité qu'il assume et des redoutables conséquences que peut avoir sa décision, il est permis de penser que le second médecin tiendra à se faire une conviction personnelle, en observant lui-même le sujet. Ce qui justifie cet optimisme, ce qui l'excuse, en tout cas, c'est qu'aucune plainte n'a été recueillie de ce chef dans les pays où fonctionne un système similaire.

Il serait désirable assurément que les médecins appelés à remplir cette grave mission eussent une compétence spéciale très étendue. Mais s'il faut bien reconnaître que, comme on l'a dit, deux incompétences additionnées ne donnent pas une compétence entière, on ne peut nier du moins qu'elles établissent un contrôle moral. « On peut être certain, dit en « effet, le Dr Brouardel (1), que devant un confrère, « même un ami, un médecin ne pèchera pas par « négligence, et qu'à la précision des recherches se « joindra une grande modération dans les conclu- « sions : justifier devant un témoin compétent, ayant « le droit de critique, une déduction scientifique, « nécessite une démonstration et exclut la possibilité

---

1. Dr Brouardel. *De la réforme des expertises médico-légales.* Paris, J. B. Baillière, 1884.

« de transformer une simple opinion en une affir-
« mation. »

« L'expert, a-t-on dit encore, trouverait une grande
« sécurité vis-à-vis de lui-même et une grande force
« vis-à-vis du public si, au lieu d'être seul à soutenir
« ses conclusions, il pouvait s'appuyer sur l'opinion
« d'un confrère. D'un autre côté, la présence d'un
« second expert serait de nature à prévenir les
« erreurs involontaires qu'un seul pourrait commet-
« tre ; il se produirait entre eux une sorte d'émula-
« tion (2). »

Il serait peut-être bon aussi, comme le veut la loi
anglaise, que l'un des deux certificats émanât du
médecin habituel du malade, s'il en a un.

Enfin on a proposé quelquefois d'exiger un serment du médecin certificateur. Serait-ce une garantie
sérieuse ? Ce serait bien plutôt, croyons-nous, une
formalité inutile, si le médecin est honnête ; inutile
encore au cas contraire : car la nécessité de prêter
un serment n'arrêtera jamais celui qui s'est décidé
à devenir le complice d'un crime de séquestration
arbitraire.

Tout le système législatif de l'internement repose
en définitive sur le médecin. Aussi, dans une loi qui

---

2. Adolphe Guillot. *Des Principes du nouveau Code d'instruction
criminelle*. Paris, 1884.

veut entourer de toutes sortes de garanties la liberté individuelle, ne saurait-on accompagner de trop de précautions l'intervention du médecin, dans la mesure toutefois où ces précautions ne doivent pas nuire au malade.

C'est une satisfaction nécessaire donnée à l'opinion publique ; ce ne sont point des mesures de défiance à l'égard du médecin. Il y trouvera lui-même son intérêt. Sa responsabilité sera moins lourde.

§ 2.— Projet de réforme.

Ainsi donc toute cette partie de la loi de 1838 relative aux placements appelle un remaniement complet. La tâche d'ailleurs n'est point aisée. Il s'agit en effet d'établir un système qui offre assez de garanties pour rassurer pleinement sur le bien fondé de la décision prise et qui reste cependant assez souple pour ne pas compromettre la guérison par les retards apportés à la mise en traitement du malade. A cet égard il semble bien que la substitution au régime purement administratif de la loi de 1838 d'un régime entièrement judiciaire ne soit pas sans inconvénient. Dans l'intérêt même de la liberté individuelle il n'est pas désirable de faire intervenir le tribunal dans tous les cas de placement, comme le demandent le projet du Sénat et celui de la commission de la Chambre des députés. On sait que dans l'immense majorité des cas le placement est justifié. Si donc l'intervention de la justice est rendue nécessaire dans tous les cas, il est à craindre que les juges, qui seront habitués à voir défiler devant eux une quantité énorme de causes, où le doute n'est pas possible et qui sont jugées d'avance, n'apportent plus bientôt une attention suffisante aux cas intéressants noyés dans la masse des autres et qu'ils ne les jugent un peu à la légère, en quelque sorte mécaniquement.

L'intervention du juge ne doit, semble-t-il, se produire que dans les cas douteux, sans quoi l'action judiciaire présenterait les mêmes inconvénients que l'action administrative et serait sujette aux mêmes critiques. Dès lors pourquoi changer ? Aucun des projets présentés devant les Chambres n'a sans doute pressenti le danger ; en tout cas, aucun ne l'évite. Un seul système y échappe. Et c'est en cela surtout que le projet original, issu des délibérations de la Société d'Etudes Législatives, nous paraît l'emporter sur tous ceux qui ont été élaborés jusqu'ici. Ce système réussit à concilier très heureusement l'intérêt du malade et l'intérêt de la liberté individuelle, qui sont les plus pressants de tous ; d'autre part, il pourvoit de façon très suffisante, à la sécurité publique.

Comme les projets du Sénat et de la Chambre des députés, il est fondé sur la distinction, essentielle en matière de placement, entre le *provisoire* et le *défi-*

nitif. C'est seulement dans la seconde phase, pour la *maintenue du placement* qu'interviennent les garanties.

Le placement provisoire conserve un caractère nettement administratif : il n'exige pas d'autres formalités qu'un double certificat médical et un arrêté du préfet, s'il s'agit d'un placement d'office ; qu'un double certificat médical, s'il s'agit d'un placement volontaire effectué par un proche parent (ascendant, descendant, frère, sœur, oncle, tante, conjoint, tuteur) ; qu'un double certificat et l'autorisation d'un juge dit *juge des aliénés*, si le placement est effectué par un parent éloigné, par un étranger, ou si le placement est personnel.

Les formalités accomplies, le placement a lieu, si possible, dans un quartier d'observation.

La maintenue du placement présente un caractère presque exclusivement judiciaire. Mais, alors que les projets du Sénat et de la Commission de la Chambre des députés font intervenir la justice sous la forme du droit commun, — Chambre du Conseil, président statuant par ordonnance, — ce système a recours à un organisme judiciaire nouveau, spécialisé dans l'examen des causes d'aliénation, adapté à cette situation particulière, et auquel on donne le nom de *commission des aliénés*.

L'intervention judiciaire se produit d'ailleurs à deux reprises et sous une double forme :

Tout d'abord, dans les vingt-quatre heures qui suivent le placement, d'office ou volontaire, un juge se transporte auprès du malade (1). C'est le juge le plus voisin de l'établissement, juge de paix du canton ou juge du tribunal. Ce juge recueille les observations de la personne placée et s'assure que les conditions administratives du placement ont été régulièrement remplies. Il peut, si les règles ont été violées, ordonner la sortie immédiate. Dans tous les cas il dresse un rapport qui est transmis à la Commission permanente des aliénés, instituée près de chaque asile et présidée par le juge des aliénés.

Cette Commission est composée d'un juge des aliénés, président, magistrat choisi parmi ceux du ressort, spécialisé dans le contrôle des placements comme sont spécialisés aujourd'hui les juges chargés de l'instruction ; de deux membres du conseil général désignés par l'assemblée départementale ; d'un avoué, d'un notaire désignés par leurs chambres ; d'un avocat, de trois médecins, choisis par le tribunal ; de trois membres nommés par le préfet ; enfin de six membres désignés par cooptation ; en tout, dix-huit commissaires, président compris.

Saisie, par le rapport du juge visiteur, la Commis-

---

1. Ce système s'inspire visiblement de celui qui est organisé par les lois d'instruction criminelle pour l'arrestation préventive de ceux qui sont inculpés d'un crime ou d'un délit.

sion délègue un de ses membres dans l'asile, et délibère ensuite sur la maintenue.

Mais elle n'a point pouvoir de statuer ; son président, le juge des aliénés, peut seul prendre une décision à cet égard. Cette anomalie se justifie par les considérations suivantes : c'est d'abord qu'on a voulu conserver à la décision sur la maintenue du placement un caractère très nettement judiciaire, puisqu'il s'agit de liberté individuelle et de capacité ; en second lieu, c'est qu'il faut se prémunir contre le défaut d'assiduité des membres d'une Commission qui n'a ni budget sérieux, ni traitement, ni jetons de présence, et où l'absence de quelques-uns risque de détruire le savant équilibre des éléments un peu disparates qui la composent.

Ce sont deux juges, par conséquent, qui dans cette seconde phase du placement contrôlent et surveillent, avec leurs habitudes professionnelles du respect de la liberté individuelle.

Dans ce système la décision du juge des aliénés est définitive, sans appel, sauf le droit d'opposition reconnu au préfet si, la sortie ayant été décidée, celui-ci estime la libération dangereuse pour l'ordre public. Son opposition sera vidée devant la Chambre du Conseil. Enfin il reste possible, comme sous le régime de la loi de 1838, de saisir le tribunal d'une demande en sortie.

Toutes les formalités relatives à la maintenue

sont communes aux différentes sortes de placement.

Il est naturellement assez difficile de prévoir ce que ce système ingénieux, un peu compliqué peut-être, pourrait donner à l'essai. Mais le principe en est excellent.

SECTION III

Insuffisance des garanties postérieures au placement.

La loi de 1838 a essayé de suppléer par des garanties postérieures à l'arbitraire du placement.

Mais toutes ces garanties ont un défaut commun, c'est de venir après l'incarcération, alors qu'un préjugé existe déjà contre la personne séquestrée, et que, suivant le mot de M. Salverte, en 1838, « la présomption est contre lui ». Aucune n'est en outre assez énergique pour faire cesser de façon prompte et certaine une séquestration injustifiée. L'inefficacité de ces mesures de protection donnerait presque à penser que le législateur a supposé démontrée la folie qu'il s'agit précisément de reconnaître.

Quel recours est offert, en effet, au prétendu aliéné victime d'une erreur ou d'une fraude? En laissant de côté les notifications faites au préfet, et par celui-ci au procureur de la République, qui, dans la pratique vont s'entasser dans les cartons ou même ne sont pas conservées (1), les seules vérifications qui suivent l'entrée sont : pour l'asile public, le certificat de quinzaine signé par le médecin de l'établissement, et, pour les maisons privées, une visite des médecins de l'administration dans les trois jours qui suivent l'internement.

Pour le certificat de quinzaine, c'est une garantie assez faible si l'on songe que beaucoup d'aliénistes ont une tendance à considérer comme aliéné tout homme placé dans un asile, ou même à voir la folie partout. Si la maladie ne se montre pas dès l'abord, on attendra donc patiemment, avec confiance, qu'elle se montre. Car c'est à l'individu séquestré de prouver qu'il jouit de sa raison ; et ce n'est pas là pour lui chose facile. « Le certificat de quinzaine est alors rédigé, dit le Dr Thulié, avec une prudence extrême, ne dit rien, mais n'affirme pas la raison, jamais, jamais (2). » — Dans les asiles publics, il y a droit nairement deux médecins dont les opinions peuvent se contrôler l'une par l'autre ; mais le médecin adjoint peut-il se prononcer là où le médecin en chef ne se prononce pas ? Et, scientifiquement d'ailleurs, ce qui

---

1. Cf. Procès-verbaux de la Société de Législation comparée annexés à l'ouvrage de M. BERTRAND. Dépositions de MM. Vancy et Ribot, p. 2 et suiv.

2. Cf. Dr THULIÉ. Encyclopédie générale, v° Aliénés, législation, 1869.

est difficile pour l'un est difficile pour l'autre ; s'ils n'ont pas des convictions opposées, et s'il ne survient aucune discussion médicale, le malade reste enfermé (1).

Quant à la visite des médecins délégués par l'administration, outre qu'elle n'a lieu que dans les établissements privés, elle ne donne pas une protection plus sérieuse à la liberté individuelle.

D'abord il est assez douteux qu'après trois jours on soit en mesure dans bien des cas de porter un diagnostic très ferme. Certaines formes de l'aliénation mentale sont très difficiles à constater dans un court espace de temps : la dissimulation est très fréquente chez les aliénés, et ceux mêmes qui sont le plus profondément atteints conservent souvent assez de lucidité pour comprendre que leurs hallucinations, leurs idées délirantes sont une des causes de leur internement et ils réussissent quelquefois à cacher très longtemps les phénomènes maladifs qui ont nécessité cette mesure. L'aliéniste, qui a toujours présente à l'esprit cette dissimulation, conserve encore un doute même en présence de tout homme d'apparence raisonnable, et ce doute persiste parfois.

De plus, le médecin délégué apporte nécessairement

---

1. Cf. Thulié. *La folie et la loi*, p. 83.

à son examen une prévention défavorable : son opinion n'est-elle pas d'avance influencée par l'avis qu'ont déjà donné ses deux confrères, le médecin certificateur et le médecin de l'asile ?

Il faut tenir compte aussi de l'importance que doivent prendre dans son esprit les déclarations, véridiques ou mensongères, faites au moment de l'entrée dans l'asile par la personne qui a effectué le placement. Le médecin délégué ne sera sans doute pas plus heureux que le médecin traitant : sa visite forcément hâtive n'ayant pas suffi la plupart du temps à l'éclairer, il sera porté à prendre l'avis de son confrère de l'asile et à former son opinion plutôt sur ce qui s'est passé avant le placement que sur ce qu'il aura vu lui-même. S'il conserve un doute, il conclura au moins à l'expectation.

Enfin, la personne transportée violemment ou par surprise à l'asile est encore sous l'influence du trouble ou de l'irritation que lui a causé l'internement ; elle n'est plus dans son état normal ; on l'examine dans des conditions mauvaises et qui peuvent induire en erreur. Toute récrimination, toute colère risque d'être aussitôt interprétée contre elle ; son silence même l'accuse. Lors de la discussion de la loi de 1838, il a d'ailleurs été reconnu que cet examen était trop rapide et trop superficiel pour pouvoir constituer une garantie sérieuse.

Telles sont pourtant les seules formalités qui vien-

nent directement vérifier l'état mental du détenu.
La visite faite, le certificat de quinzaine expédié, il
est définitivement catalogué dans la population de
l'asile, sans autre espérance que les visites périodiques de l'autorité et les demandes de sortie.

Ainsi les mesures de protection sont ici à la fois
inefficaces et trop tardives : c'est avant le placement
avons-nous dit, que doivent intervenir les garanties.

SECTION IV

La surveillance des maisons d'aliénés.

Une loi sur les aliénés, — si parfaite qu'elle soit,
si bien appliquée qu'on la suppose, — qui n'aura pas
organisé une surveillance partout où des aliénés sont
en traitement, n'échappera jamais aux critiques.

Aussi, en 1838, avait-on conçu cette surveillance
comme une condition nécessaire à l'observation de
la loi et à la protection de la liberté individuelle. Et
cette idée avait réussi à triompher des résistances de
ceux qui, dans l'intérêt de la famille et dans l'intérêt du malade lui-même, n'entendaient pas que les
portes des asiles fussent trop largement ouvertes aux
investigations de l'autorité. On faisait beaucoup de
fond sur ce contrôle que la loi établissait, et l'on ne
peut méconnaître, au reste, qu'il fasse encore assez

bonne figure sur le papier. Mais la pratique devait apporter bien des désillusions.

Le système de surveillance organisé en 1838 comporte, en effet, beaucoup de surveillants — qui ne surveillent pas. On sait que parmi les visiteurs, tous les pouvoirs, toutes les autorités sont représentés, et il en devait être ainsi, disait-on alors, pour rester dans la logique de nos institutions. C'est ainsi qu'il y fallait des magistrats, pour recueillir les réclamations contre l'autorité administrative; un maire pour y représenter le pouvoir électif ; un juge de paix, officier de police judiciaire, naturellement désigné pour une surveillance qui vise des questions de liberté individuelle. «... Au premier bruit, à la plus petite rumeur de l'existence, soit d'un abus individuel, soit d'un abus général dans une maison, disait M. Tripier à la Chambre des pairs, celui de ces fonctionnaires qui sera le plus proche ou qui en aura le premier connaissance interviendra et y portera remède. » Mais bien vite l'orateur ajoutait : «... Ce droit, ils n'en abuseront pas; loin de là, c'est le contraire qui est à craindre. » Le droit de visite n'a point donné lieu, en effet, à des abus, à des excès de zèle : en fait, ni le préfet, ni le président du tribunal, ni le juge de paix, ni le maire ne visitent les asiles. C'est, nous l'avons vu, une faculté que leur a laissée la loi; elle n'en a point fait pour eux une obligation.

Il n'y a guère que deux fonctionnaires qui s'acquit-
tent généralement de leur mission : le procureur de
la République et celui que l'article 4 appelle la
« personne spécialement déléguée par le Ministre de
l'Intérieur », l'inspecteur des aliénés.

Sans doute le procureur de la République est tenu
de faire chaque année quatre visites au moins dans
les maisons privées et deux dans les établissements
publics. Mais un coup d'œil jeté sur les registres des
asiles permettrait de se convaincre que la loi n'est
pas toujours et partout fidèlement exécutée.

Le serait-elle d'ailleurs que les visites n'offriraient
encore qu'une garantie assez médiocre. Et il n'en
peut pas être autrement. En un très court espace de
temps, un magistrat peu habitué aux malades doit
examiner un nombre d'aliénés, tel que le médecin
le plus versé dans l'étude des maladies mentales ne
pourrait se faire une idée, non pas nette, mais même
approximative de l'état intellectuel des gens qu'il a
sous les yeux. « ... Comme il y a dans le départe-
« ment de la Seine onze établissements privés et
« quatre établissements publics (Charenton, Bicêtre,
« Sainte-Anne, la Salpêtrière), le nombre des visites
« que le magistrat doit faire annuellement s'élève à
« cinquante-deux. Le nombre des aliénés est d'ail-
« leurs très considérable, en moyenne de 3.000 envi-
« ron. Il est donc impossible que le magistrat

« examine individuellement tous les malades (1). »

De plus les aliénés qui harcèlent avec le plus d'acharnement le visiteur ne sont pas en général les moins malades. Ils gènent le magistrat dans ses observations et l'empêchent quelquefois de recueillir les réclamations sérieuses.

Devant certains cas difficiles qui pour être appréciés exigent une compétence médicale, le visiteur est souvent contraint d'avoir recours au médecin traitant et de modeler son opinion sur celle du praticien dont il vient contrôler les actes. Non seulement dans les maisons qui contiennent un grand nombre de malades, mais dans celles-là mêmes où ce nombre est restreint, on ne peut être sûr de voir tous les aliénés. Quelques malades, comptant sur une sortie prochaine, ne parlent pas au magistrat, de crainte de compromettre leur situation; d'autres, enfin, ne réclament plus, découragés par l'insuccès de leurs demandes antérieures.

Sans doute, il y a bien les registres tenus en vertu de l'article 12, qui pourraient fournir de précieuses indications aux magistrats. Ils sont en général bien tenus. Mais les certificats médicaux qu'ils reproduisent sont trop laconiques ou rédigés en un langage

---

1. *Procès-verbaux de la Société de législation comparée.* Déposition de *M. Alexandre Ribot,* 1871.

peu intelligible aux profanes. Quant aux annotations mensuelles obligatoires, elles font souvent défaut, surtout dans les établissements publics. On ne peut à cet égard considérer comme sérieuse la mention *même état*, invariablement portée tous les mois à la suite du nom de chaque malade (1).

Comment dès lors, pourrait-on s'étonner que, conscients de l'inutilité de leur rôle, certains membres des parquets de province se contentent de signer les registres et réduisent leur contrôle à cette manifestation platonique? Comment s'étonner que d'autres, moins consciencieux en apparence, mais plus logiques à coup sûr, aient abandonné jusqu'à ce semblant de surveillance et ne se déplacent même plus?

Le véritable inspecteur, l'inspecteur sérieux, c'est le délégué du ministre de l'Intérieur, auquel on n'a guère prêté attention en 1838. Ses visites ont eu quelquefois de bons effets; mais elles étaient malheureusement trop rares : à raison du petit nombre des inspecteurs (2), chaque asile n'était guère visité que tous les trois ans, certains même seulement tous les cinq ou six ans.

D'abord spécialisés, les inspecteurs du service des aliénés se confondent aujourd'hui avec les inspecteurs

---

1. Cf. Déposition de M. *Alexandre Ribot* (*ibid.*).
2. Quatre depuis 1856.

des services administratifs. Ils n'agissent pas en vertu d'un droit propre qui résulte du titre de leurs fonctions. Il leur faut une délégation spéciale du ministre, faute de laquelle l'entrée des établissements pourrait leur être refusée. Ils ne font pas leurs visites au jour qu'ils jugent le plus convenable, et dans l'établissement qu'ils croient le plus utile d'inspecter ; leurs tournées s'effectuent suivant un itinéraire tracé par le ministre. S'ils font d'autres visites, c'est seulement quand on leur a confié des missions extraordinaires. Ils ne peuvent que visiter, observer, faire des rapports (1).

Quant à la commission administrative instituée auprès des établissements publics par l'article 31, elle n'a, avons-nous dit, que des attributions de surveillance administrative et financière. Elle n'a aucun des droits de surveillance qui appartiennent à l'autorité publique et qui visent particulièrement la liberté individuelle et les soins donnés aux malades.

Le régime actuel est donc très éloigné d'offrir des garanties sérieuses contre les abus et en particulier contre le danger des séquestrations arbitraires.

Pour remédier à ces défauts on a proposé d'adjoindre un médecin au magistrat visiteur comme

---

1. Cf. Décret du 15 janvier 1852.

l'ont fait quelques pays étrangers (1); de prescrire des visites plus fréquentes, au besoin plus prolongées et suivies chaque fois d'un rapport circonstancié. Mais cette réforme détournerait de leurs fonctions des fonctionnaires dont tous les instants doivent être consacrés à d'autres services publics, et de ce point de vue elle est peut-être impraticable. Le même but serait atteint sans inconvénients et encore plus sûrement peut-être, en organisant l'inspection sur de nouvelles bases. C'est à quoi d'ailleurs on a tâché.

On a proposé à cet effet la création d'un *comité supérieur* (2) ou d'un *conseil central des aliénés*, siégeant à Paris (3), qui comprendrait des membres du Conseil d'État, de la Cour de cassation, de hauts fonctionnaires, les inspecteurs généraux du service des aliénés réorganisé, des membres de l'Académie de médecine, des professeurs de la faculté, des médecins des hôpitaux, et où, bien entendu, une part prépondérante serait faite à l'élément professionnel. Ce conseil statuerait sur les contestations relatives à l'ouverture des maisons privées, et généralement sur tout ce qui touche à l'organisation et à

1. Notamment la Belgique et la Hollande.

2. Projet du Sénat, art. 13.

3. Le projet de la Commission de la Chambre (1903) confie ces attributions au conseil supérieur de l'assistance publique, mais un conseil spécial parait préférable.

la réglementation intérieure des asiles. Chaque année il devrait présenter un rapport général au ministre de l'Intérieur, qui serait communiqué aux Chambres.

Mais c'est surtout aux inspecteurs généraux qu'incomberait la tâche principale de la surveillance. Ceux-ci ne visiteraient pas seulement les établissements pour s'assurer qu'ils sont bien tenus, que les règlements y sont observés, qu'on y suit les préceptes de l'hygiène et de la thérapeutique moderne en matière d'aliénation mentale. Ils feraient aussi porter leur contrôle sur les internements et leur mission primordiale serait de prévenir et de faire cesser les internements injustifiés par l'examen spécial des malades, par la vérification des registres qui devront contenir toutes les mentions permettant de se rendre compte de la véritable situation du malade.

Parallèlement à cette surveillance centrale s'exercerait la surveillance locale de la commission départementale des aliénés par son juge des aliénés et par ses médecins inspecteurs départementaux.

SECTION V

Des sorties.

S'il est difficile de protéger les aliénés présumés contre une séquestration arbitraire avant l'entrée dans un établissement, il l'est bien plus encore de les protéger contre une prolongation inutile d'une séquestration commencée.

Le droit de décider s'il y a guérison et si, en conséquence, la mise en liberté doit être ordonnée, est laissé par la loi de 1838 à l'appréciation des médecins directeurs des établissements. Le soin de faire cesser, lorsqu'elle est inutile, une séquestration qui se prolonge, est abandonné aux tuteurs des interdits et aux familles ; la loi ne s'en est pas occupée.

Un pareil régime n'est pas sans danger pour la liberté individuelle : D'une part, les médecins d'asiles, placés dans un milieu qui les rend défiants, peuvent ne pas toujours reconnaître la guérison quand elle existe ; et, s'ils la reconnaissent, ils peuvent ne pas mettre assez de hâte à ordonner la sortie, soit par intérêt si l'aliéné paye pension, soit par crainte d'une erreur ou d'une rechute qui, jusqu'à un certain point, engageraient leur responsabilité, au moins morale.

D'autre part, en laissant aux familles et au tuteur seuls le droit de demander la sortie de l'aliéné non guéri, la loi met celui-ci à la discrétion précisément des personnes dont le plus souvent l'intérêt est de maintenir l'internement, soit qu'elles veuillent jouir sans contestation et sans contrôle de la fortune de l'aliéné, soit qu'elles trouvent des avantages dans son éloignement.

Les défenseurs de la loi de 1838 ont fait valoir que, sous la pression de la famille ou des amis de

l'aliéné le médecin directeur tarderait moins à constater la guérison, et que, d'ailleurs, la famille conser-
vait toujours le droit de reprendre l'aliéné, si telle
était sa volonté, nonobstant un avis défavorable du
médecin. De plus, si l'on se défiait aussi des parents,
les amis de l'aliéné à leur défaut, ou même seulement
les personnes intéressées, ne pourraient-ils pas, au
cas de placement d'office, s'adresser au préfet, ou
dans tous les cas aux tribunaux pour faire constater
la guérison et obtenir la sortie ? Enfin, si la famille
ou les tiers s'abstenaient, l'aliéné lui-même aurait
la ressource de s'adresser aux autorités compétentes
ou de mettre son espoir dans l'intervention provi-
dentielle des fonctionnaires que l'article 4 charge de
la visite des établissements.

On dit encore que la mise en liberté avant la guérison complète est déclarée dangereuse dans tous
les cas par les aliénistes : pour les aliénés encore
curables elle compromet la guérison. L'aliéné le plus
tranquille dans l'établissement, celui dont l'état
mental s'est le plus amélioré, et qui paraît être le
plus apte à reprendre sans inconvénient la vie en
commun, aura ordinairement des rechutes, parce
que dans la famille il ne trouvera ni l'appui, ni la
surveillance, ni l'autorité qui sont indispensables
pour le maintenir. Pour les incurables ils ne trouvent, en général, dans leur famille ni l'affection ni
l'intérêt auxquels ils auraient droit et en les y

renvoyant on leur prépare dans bien des cas une existence misérable. La maladie de l'incurable comme celle de l'aliéné curable risque aussi de s'aggraver par le défaut de soins, ou même seulement par l'absence d'une direction ferme imposant une règle à suivre.

Toutes ces raisons assurément ne sont pas sans valeur, mais sont-elles suffisantes cependant pour faire maintenir l'état de choses actuel ?

Comment peut-on invoquer l'affection de la famille comme une garantie que la déclaration de guérison sera hâtée, au moment où l'on reconnaît que cette affection est diminuée par l'aliénation elle-même, alors qu'il n'est pas douteux que l'aliéné soit une lourde charge et que sa mise en liberté soit souvent en opposition avec les intérêts des personnes qui devraient la demander ?

En second lieu, le recours aux tribunaux laissé aux tiers est une garantie tout à fait illusoire. Depuis que ce droit des tiers est inscrit dans la loi, il n'y a pas d'exemple que personne en ait usé. On conçoit, en effet, qu'on puisse hésiter à s'engager dans un procès et à s'exposer au ressentiment d'une famille pour obtenir un examen dont le résultat n'est pas sûr.

Le droit qu'on attribue à l'aliéné lui-même de demander aux tribunaux la cessation de sa détention est, dans la pratique, entouré de difficultés. D'abord, il n'existe pas pour l'interdit, puisque la loi décide qu'en cas d'interdiction la demande ne peut être formée que par le tuteur, c'est-à-dire précisément par la personne qui peut avoir le plus d'intérêt à ne pas la former. On a quelquefois émis le doute qu'en fait les tribunaux s'arrêtent à un tel obstacle. On peut citer cependant deux jugements des tribunaux de Laval et de Mayenne du mois de février 1868, mentionnés dans un relevé demandé par une circulaire du 8 juillet 1869, et qui repoussèrent comme irrégulières les demandes formées par deux aliénées interdites en dehors de leurs tuteurs (1). Le droit d'agir est donné à l'aliéné non interdit, mais il ne peut pas le plus souvent l'exercer. La loi a oublié de réglementer le droit de visite. Alors qu'en Angleterre les tiers peuvent être autorisés à pénétrer jusqu'à l'aliéné malgré l'opposition de la famille et des directeurs, on peut, en France, l'empêcher de communiquer avec les personnes sans l'assistance ou le conseil desquelles il n'oserait et ne pourrait intenter son action.

Il n'est même pas certain, en effet, on l'a vu, que les lettres qu'il leur écrirait leur parviendraient, la correspondance privée des aliénés ne jouissant d'au-

---

1. M. Desmazes. *Les aliénés, le projet Gambetta et le drame d'Ev ère*, 1872, p. 19, reproduit notamment ce relevé.

cune protection. Il reste à l'aliéné la faculté de s'adresser au préfet ou au procureur de la République. Cette faculté est précieuse et doit être conservée ; mais elle ne peut pas seule répondre à toutes les objections. On sait d'ailleurs que la loi n'est pas partout strictement observée sur ce point : « Dans certaines maisons, en effet, dit le Dr Thulié (1), on fait un triage ; on ne laisse partir que les lettres qui ont une apparence de raison... Ces maisons croient se conduire légalement quoiqu'elles agissent en dehors et même contrairement à la loi. »

Celle-ci ne faisant aucune distinction, le directeur et le médecin devraient donc être condamnés à l'amende et à la prison. Mais en revanche, si le directeur ou le médecin ôtent à l'aliéné le moyen de faire des requêtes et des réclamations en le privant de papier, ils échappent à toute pénalité : la loi de 1838 n'a pas prévu ce moyen élégant de la tourner. Il reste donc qu'empêcher de faire une réclamation qui pourrait être raisonnable n'exposera à aucune peine ; mais que le fait de retenir une réclamation folle fera encourir une condamnation (2).

---

1. Dr Thulié. *La Folie et la Loi*, p. 147.

2. Il y a même des maisons où toutes les lettres qui sont écrites, folles ou non, sont jetées au panier. Cf. Dr Thulié. *Loc. cit.*

D'ailleurs, les réclamations adressées au préfet et au procureur de la République, ainsi que les demandes de sortie portées devant les tribunaux, si précieuses qu'elles soient pour la protection de la liberté individuelle, ne doivent être que des exceptions très rares ; on ne peut pas les considérer comme un mode de libération normal et habituel. Il faut chercher dans la pratique d'autres garanties d'un usage plus facile.

On pourrait par exemple, comme on l'a fait en Écosse, donner à tout le monde le droit de faire constater la guérison par des médecins étrangers à l'établissement et dire que sur le vu de cette constatation, la mise en liberté sera ordonnée par l'autorité judiciaire, sous réserve du droit d'opposition de la famille ou de l'autorité qui a ordonné la séquestration.

On pourrait encore, comme en Hollande, n'admettre les séquestrations que pour un temps limité, et obliger, à chaque période de renouvellement, à constater l'état mental par de nouveaux certificats médicaux, par un interrogatoire et une enquête dirigée par l'autorité qui ordonnerait les séquestrations, ou mieux par la justice.

Enfin, comme en Angleterre, des commissaires inspecteurs pourraient être institués avec la mission de veiller sans cesse sur les maisons d'aliénés, avec pouvoir d'ordonner la sortie de tout aliéné séquestré *sans cause suffisante* (1).

Mais ce ne sont là, en somme, que des palliatifs, dont quelques-uns même ne sont pas exempts d'inconvénients.

L'amélioration la plus réelle de la loi, la garantie la plus efficace de la liberté individuelle doit être cherchée, semble-t-il, dans la réglementation légale d'une pratique qui tend d'ailleurs sous le régime actuel à se généraliser de plus en plus, et qui a donné assez souvent d'excellents résultats : celle des *sorties provisoires à titre d'essai* et des *sorties-congé.*

La *sortie d'essai* n'est autre chose qu'un état transitoire entre l'internement et la liberté complète durant lequel le malade est mis à l'épreuve. Dès lors on doit décider que c'est au médecin de statuer sur l'utilité d'une pareille mesure et il convient de lui donner pleins pouvoirs à cet égard. Cependant tout le monde paraît d'accord pour proclamer l'impossibilité de cette expérimentation de la liberté vis-à-vis de certaines catégories de malades, en particulier vis-à-vis des alcooliques et des intoxiqués volontaires. Les seules difficultés de la matière tiennent à l'organisation de la surveillance du « libéré conditionnel »

---

1. Cf. J. DE CRISENOY, *La loi concernant les aliénés,* mémoire adressé à la commission chargée d'élaborer un nouveau projet de loi. (*Revue générale d'Administration,* 1882, I, p. 5 à 76).

et du réinternement sans formes au premier symptôme d'une rechute imminente.

Quant à la *sortie-congé*, elle est d'usage dans certaines affections, telles que la folie intermittente, qui durent pendant la vie entière de l'individu, mais ne se révèlent que par accès périodiques, plus ou moins éloignés, laissant entre eux des intervalles de pleine lucidité. Et le médecin pendant ces intervalles accorde souvent des sorties provisoires (1).

L'étendue des pouvoirs qu'il convient d'attribuer aux médecins ne devra pas empêcher toutefois de tenir compte des intérêts divers que met en jeu la sortie provisoire aussi bien que la sortie définitive : dans l'intérêt de la sécurité publique et dans celui de la famille, dans son intérêt propre, l'individu, quoique libre, devra toujours rester sous le coup de l'ordre initial d'internement, dont pourra se prévaloir l'administration.

Une réforme est d'autant plus urgente sur ce point que le laconisme de la loi actuelle laisse les directeurs d'asiles dans le plus grand embarras.

Quant à la sortie définitive, il y a lieu de maintenir dans son esprit la disposition excellente de l'ar-

---

1 Confondue au point de vue administratif avec la sortie d'essai, la sortie-congé doit, ce semble, s'en distinguer, au point de vue du droit civil, pour la détermination de la capacité.

ticle 29 qui organise si libéralement l'action judiciaire en sortie. Les divers projets soumis aux Chambres l'ont toutefois étendue et simplifiée. C'est ainsi
qu'ils ont reconnu à l'interdit le droit de présenter sa
requête sans l'intermédiaire de son tuteur.

Il est bon que les présomptions absolues d'incapacité et d'impuissance, qu'édicte la loi civile, fléchis-
sent quand la liberté individuelle est en jeu.

L'idée dont tous les projets se sont inspirés, c'est
que l'autorité judiciaire qui doit avoir le rôle essentiel dans le placement, doit l'avoir aussi dans la sortie. Mais il n'y a plus lieu alors d'aller aussi vite, et
il ne paraît plus aussi nécessaire de simplifier l'intervention de la justice en transportant une grande
partie de ses attributions à un juge des aliénés. C'est
donc la chambre du conseil qui devrait avoir compétence.

APPENDICE

Les aliénés dits criminels.

Lorsqu'un individu appelé à répondre d'un crime
devant les tribunaux bénéficie, en vertu de l'article 64 du Code pénal, d'un acquittement parce qu'il a
commis l'acte qui lui est reproché pendant une crise
d'aliénation mentale, doit-il, sans aucune précaution,
rentrer dans la société où il pourra commettre à

nouveau impunément un crime de même nature ? Telle est la question qui se pose au sujet des aliénés dits criminels.

D'après le Code pénal, tout individu accusé de crime ou de délit doit, quelle que soit l'évidence des preuves, être déclaré non coupable si le jury ou le tribunal reconnaît que l'auteur de l'acte était en état de démence au moment où il l'a commis. Le jury est tenu de prononcer l'acquittement. Quant à la mise en liberté, il doit l'ordonner si l'accusé est seulement privé de raison ou si, irresponsable au moment de l'acte, il a recouvré, depuis, sa lucidité. Il doit l'ordonner encore si l'aliéné est réclamé par une famille qui le surveillera et l'empêchera de nuire. Mais le jury n'a plus ce pouvoir s'il s'agit d'un furieux, sans asile, sans moyens d'existence ; et c'est alors que le ministère public met l'auteur de l'acte à la disposition de l'autorité administrative.

Car dans l'état actuel de la législation cet aliéné ne peut être enfermé que sur l'ordre du préfet, et seulement s'il se trouve dans une période d'aliénation caractérisée compromettant l'ordre public ou la sûreté des personnes (1). Or, il n'est pas rare qu'au moment de l'acquittement cette condition nécessaire ne se trouve plus réalisée. Il en résulte qu'on est ainsi obligé de laisser en liberté un grand nombre

---

1. Loi du 1838, art. 18.

d'aliénés dangereux, tranquilles en apparence, mais susceptibles de rechutes et pouvant être atteints subitement de crises terribles.

Est-il possible que la Société reste désarmée en face d'une situation aussi menaçante ?

Il ne s'agit plus ici d'un homme sain d'esprit peut-être, victime de l'erreur ou de la haine, ni d'un faible d'esprit, d'un maniaque inoffensif dont l'internement n'est pas nécessaire ; il s'agit d'un aliéné notoire, dans une période de calme relatif, il est vrai, mais dont la guérison complète reste à bon droit douteuse. Sans doute dans notre pensée, même lorsqu'il s'agit d'un fou avéré, on ne doit pas faire bon marché de la liberté individuelle. Cette liberté ne disparaît pas ; elle ne tombe pas au rang d'intérêt théorique, et l'atteinte qui lui est portée ne peut l'être qu'en vertu d'un intérêt sérieux et certain. L'aliéné a droit, dès qu'on touche à sa liberté, à des garanties analogues à celles qui sont accordées à tout homme, même à un criminel. Mais, dans ce cas particulier d'un aliéné homicide, il semble bien qu'au droit de l'individu on doive pouvoir opposer victorieusement le droit de défense légitime de la société. De toute évidence le danger d'une séquestration arbitraire est ici moins à redouter que celui qui résulte pour tous de la libre divagation d'une personne dont le délire peut soudainement reparaître et causer d'irréparables malheurs.

Bien que la loi de 1838 ne contienne aucune disposition relative aux aliénés criminels, ce n'est pas à dire que la question qui se pose de nos jours à leur sujet n'ait pas été aperçue du législateur. Lors de la discussion à la Chambre des députés un amendement à l'article 12 du projet de la Commission (art. 19 de la loi) fut proposé par M. Boyard. Il avait pour but de permettre au ministère public de faire transférer dans une maison d'aliénés la personne qui, par suite de débats soit criminels, soit correctionnels, aurait été considérée comme en état de démence *au moment de l'action* pour laquelle elle était poursuivie. Cet amendement parut inutile à M. Dufaure. Il fit remarquer que la démence qui avait pu n'être que momentanée, pouvait avoir disparu et que, si elle n'existait plus, il n'y avait pas de raison pour placer l'individu dans un établissement d'aliénés. Que si d'autre part, on admettait qu'à la réquisition du ministère public la mise en liberté fût différée, il serait nécessaire, mais malaisé sans doute, de déterminer le temps pendant lequel elle pourrait l'être. Et, si un retard était apporté à la délivrance de l'ordre de placement, il en résulterait que l'aliéné acquitté devrait être maintenu en prison sans motif. « Il est évident, concluait M. Dufaure, qu'entre le « procureur du Roi et le préfet on s'entendra très « bien pour qu'un homme en état de démence soit « placé dans un établissement d'aliénés et ne soit

« pas mis en possession d'une liberté qui pourrait
« être dangereuse. »

Vivien estima que l'amendement contenait « un
principe qu'il serait peut-être bon d'introduire dans
la loi. » Mais il fallait, selon lui, que la mesure ne
pût être adoptée « que dans le cas où l'aliénation
mentale existant au moment du fait qui a donné lieu
à l'action n'aurait pas cessé au moment du jugement. » Et il demanda le renvoi à la Commission.
Celle-ci se prononça pour le rejet « en raison des
nombreuses difficultés qui s'opposaient à l'adoption
d'une pareille disposition. » Les motifs invoqués par
elle sont intéressants à connaître :

C'était d'abord que, pour ce qui touche les matières criminelles, l'arrêt qui intervenait ne déclarait
pas le fait de l'aliénation mentale. Aux termes de
l'article 64 du Code pénal, en effet, lorsqu'un individu accusé d'un crime se trouvait en état de démence
au moment où il l'a commis, il n'y a ni crime ni
délit, et le rôle du jury se borne à une déclaration
de non culpabilité, sans qu'il résulte de la décision
que l'individu était en état d'aliénation mentale (1).

Une seconde considération, c'était que l'état d'aliénation, qui existait à l'époque où l'acte a été com-

---

1. D'après le projet actuel de la Commission de la Chambre (1903),
le jury aurait à prononcer sur la question de responsabilité et d'aliénation mentale.

mis pouvait très bien avoir cessé au moment du jugement : Pour que le droit qu'on réclamait pût s'exercer à l'égard d'un inculpé acquitté, il eût fallu non seulement constater sa démence au moment où le crime était commis, — et cette constatation ne résultait pas de l'arrêt qui intervenait en matière criminelle, — mais il eût fallu encore établir par un acte régulier qu'il était en état d'aliénation mentale au moment où le jugement qui l'a acquitté était prononcé par le juge.

La loi pourvoyait, croyait-on, à toutes les nécessités, et il n'existait point de lacune qu'il fallût combler par une disposition semblable à celle qui était proposée.

C'était l'article 18 de la loi, disait Vivien, qui donnait au préfet le droit de délivrer un ordre. Or cet article devrait être facile à appliquer dans toutes les cours criminelles ; car les Cours d'assises se tenaient d'ordinaire dans les chefs-lieux de département, et l'on y pourrait réclamer du préfet l'ordre dont il s'agissait. Partout ailleurs on pourrait s'adresser aux maires que l'article 19 autorise dans tous les cas d'urgence à prendre les mesures provisoires que peut réclamer la sûreté publique.

Ainsi toutes les fois que la mise en liberté de l'individu pourrait compromettre la sûreté des personnes, il pourrait intervenir une mesure du préfet ou du maire. Adopter l'amendement, c'eût été au contraire, pensait-on, s'exposer à de graves inconvénients ; c'eût été donner au ministère public un droit qui ne lui appartenait pas par la nature des choses ; c'eût été provoquer de la part de l'autorité judiciaire une déclaration que tel individu s'était trouvé en état d'aliénation mentale ; et c'était précisément cette interprétation, contraire aux règles du droit criminel, du verdict d'un jury, que la commission voulait éviter.

M. Boyard défendit une rédaction nouvelle de son amendement (1), et il fit remarquer qu'il ne proposait rien d'autre qu'accorder à des magistrats ce que l'article 19 de la loi accordait à un commissaire de police ou à un maire. Mis aux voix, l'amendement fut rejeté.

Par cet aperçu de la discussion parlementaire, on voit que le législateur a cru sincèrement résoudre la difficulté au mieux des intérêts qui se trouvent en présence en soumettant les aliénés criminels au droit commun des aliénés. Aux termes de la loi, les pré-

---

1. Voici quels en étaient les termes : « Lorsqu'il résultera en matière criminelle ou correctionnelle qu'un individu était en état de démence ou de fureur au moment de l'action pour laquelle il a été poursuivi, le ministère public pourra, *si cet état de choses existe encore au moment de l'acquittement*, provoquer dans les vingt-quatre heures un ordre de placement de cet individu dans une maison d'aliénés. »

fets sont seuls chargés d'ordonner le placement d'office de tout individu dont l'état d'aliénation compromettrait l'ordre public ou la sûreté des personnes. D'un autre côté, chaque fois que, par application du principe que consacre l'article 64 du Code pénal (1), un inculpé est l'objet d'une ordonnance de non-lieu ou d'un acquittement, l'autorité judiciaire considère qu'elle n'a plus le droit de le retenir et qu'il doit être mis en liberté.

Il s'ensuit que, si court soit-il, il s'écoulera toujours un intervalle de temps entre le moment où la justice rend son arrêt et celui où interviendra la décision du préfet, — à supposer que l'état *actuel* du prévenu acquitté justifie le placement d'office. — Et durant ce court intervalle de temps l'aliéné aura recouvré sa liberté entière. N'y a-t-il pas lieu de craindre que pendant ces quelques jours, peut-être ces quelques heures, où il pourra agir à sa guise, il n'attente à la vie d'autrui ou à la sienne ? Sans doute on peut exercer sur ses actes une surveillance. Mais l'expérience a malheureusement trop souvent démontré combien cette surveillance est inefficace et illusoire.

Sans doute encore il arrive quelquefois que le

---

1. Art. 74, C. pén. : « Il n'y a ni crime ni délit lorsque le prévenu était en état de démence au temps de l'action, ou lorsqu'il a été contraint par une force à laquelle il n'a pu résister.»

ministère public prévienne officieusement l'autorité administrative que l'aliéné est sur le point d'être rendu à la liberté et que des mesures doivent être prises d'urgence pour empêcher sa divagation. Mais, comme ce n'est point là pour le procureur de la République une obligation stricte, mais une simple faculté, il est permis de penser que, dans bien des cas, — cela sans qu'il puisse encourir le moindre blâme, — il s'abstiendra de toute démarche. D'ailleurs dans une matière où la moindre négligence peut avoir des conséquences si graves, il est inadmissible que la société doive s'en remettre du soin de la protéger au zèle bénévole d'un magistrat agissant en dehors de ses fonctions et, en quelque sorte, à titre privé.

L'assimilation des aliénés criminels aux autres aliénés, que la loi de 1838 a établie par prétérition dans l'article 18, est une menace permanente pour la sécurité publique. L'internement n'écarte que momentanément le danger. Il reparaît bientôt, aussi pressant, après l'internement effectué, avec les dispositions des articles 13, 20 et 23 relatives à la sortie. La loi veut, en effet, que toute personne placée dans un établissement d'aliénés cesse d'y être maintenue dès que le médecin a déclaré sur le registre que la guérison est obtenue. Elle prescrit au chef responsable de faire connaître aussitôt cette déclaration au préfet qui doit statuer sans délai. Enfin, dans l'article 29 elle donne à l'aliéné placé dans l'asile ainsi qu'à

ceux qui s'intéressent à lui, le droit de se pourvoir
à toute époque devant le tribunal pour réclamer sa
mise en liberté. D'autre part, en présence des sanctions pénales auxquelles donnerait lieu tout placement dont la prolongation pourrait prendre les
apparences d'une séquestration arbitraire, les médecins, pour couvrir leur responsabilité, se croient tenus
de déclarer guéris les malades qui ne présentent plus
de signes d'aliénation. Quelque fondées que puissent
être les craintes d'une rechute, ils ne trouvent aucun
appui dans le texte de la loi pour retenir à l'asile des
personnes qui, par leur état mental apparent, semblent ne plus y être à leur place.

Très sages lorsqu'il s'agit d'une personne dont la
folie peut laisser des doutes, ces dispositions peuvent paraître assez imprudentes dans le cas d'une
folie qui, comme ici, s'est manifestée clairement par
des actes que le Code pénal qualifie crimes. On comprend que, dans la première hypothèse, l'intérêt de
l'individu doive primer toute autre considération. On
comprend moins, dans la seconde, que l'intérêt collectif lui soit si facilement sacrifié.

On sait qu'en 1838 le législateur a voulu faire
avant tout une loi de sûreté ; on a vu comment la
question des aliénés criminels s'était alors posée.
On a donc le droit d'être surpris qu'en cette matière,
alors que nulle part ailleurs le danger n'est plus
grand ni la protection plus nécessaire, les auteurs

de la loi ne soient parvenus qu'à établir un régime d'insécurité absolue.

On pense généralement aujourd'hui que le premier remède à la situation périlleuse qu'a créée la loi de 1838 doit consister dans une réduction au minimum, mieux dans la suppression complète de l'intervalle de temps, compris en l'acquittement et l'internement, où l'aliéné reste livré à lui-même. Pourquoi, dit-on, la juridiction qui acquitte ne pourrait-elle pas, chaque fois qu'elle le juge nécessaire, ordonner elle-même le placement? Une telle disposition, loin d'être contraire en soi aux principes fondamentaux de notre droit public, y serait assurément plus conforme que celle qui actuellement investit le préfet d'un semblable pouvoir. Et, d'autre part, l'aliéné lui-même trouverait dans un déplacement de compétence, qui rendrait au pouvoir judiciaire un droit que la loi de 1838 a placé entre les mains de l'autorité administrative, les mêmes garanties, renforcées encore, contre toute atteinte arbitraire portée à sa liberté.

Pour parer au danger qui résulte des sorties prématurées, quelques aliénistes recommandent une sorte d'homœopathie : le remède qu'ils préconisent est, en effet, semblable et sensiblement égal dans sa violence au mal qu'il veut guérir. A tel point qu'entre mal et remède il semble malaisé de faire un choix.

On propose de décider que l'aliéné criminel, tant qu'il est susceptible de rechute, — *c'est-à-dire ordinairement pendant toute sa vie*, — ne puisse être rendu à un milieu social qui favorise le retour de ses accès. Le remède serait à coup sûr infaillible, car on peut prévoir que l'acquittement de principe prononcé en Cour d'assises entraînerait pour tous les aliénés une condamnation de fait à la détention perpétuelle. La société connaîtrait enfin une protection efficace, la responsabilité des médecins serait, par surcroît également, à couvert; Dieu n'aurait plus qu'à reconnaître les siens.

A ce système, si élégant dans sa simplicité, un autre pourtant paraît préférable, qui s'inspire plus directement de la déclaration des droits de l'homme. Celui-ci se borne à demander que l'aliéné criminel, déclaré guéri, ne puisse être remis en liberté que par décision de justice, en observant certaines conditions qui permettent d'espérer le maintien de sa guérison et en prenant certaines précautions qui facilitent son internement immédiat à la moindre crainte.

Même encore dans ce cas, la liberté individuelle subit une atteinte évidente. Mais en peut-il être autrement en présence du danger que peut causer une imprudence ou une erreur? Si précieuse que soit la liberté d'un homme, la vie d'un autre homme apparaît plus précieuse encore. Entre deux maux on cherche seulement à ne pas choisir le pire. Jamais d'ailleurs on n'a été mieux fondé à invoquer la nécessité. On cite, en effet, par centaines, les sorties prématurées d'aliénés dangereux, guéris en apparence, ayant entraîné par la suite de véritables catastrophes, et l'on conçoit que l'expérience ait pu rendre circonspects médecins, préfets, parquets et tribunaux (1).

Comme eux le législateur futur pensera sans doute que deux sûretés valent mieux qu'une, et, sagement refusera de sacrifier à un principe l'intérêt supérieur de la société.

Section VI

Pénalités.

Il ne faut pas chercher dans les pénalités édictées par l'article 41 des mesures répressives contre les attentats à la liberté individuelle, prévus par les articles 114 à 122 du Code pénal, ni contre la séquestration proprement dite, punie par les articles 341

---

1. M Baudouin, procureur général près la Cour de Cassation, a rapporté à la Société d'Études législatives un cas particulièrement édifiant : On présenta un jour au tribunal de Rennes la demande de sortie d'un délirant alcoolique ; après un court séjour à l'asile départemental il se trouvait guéri. Malgré l'opposition du ministère public, le tribunal crut devoir prononcer la mise en liberté. Au bout d'un mois il se remettait à boire et tuait à coups de hache sa femme, quatre enfants et deux voisins. Cf. *Bulletin de la Société d'études législatives*, 1904, p. 87.

et suivants du même Code. A cet égard les choses sont restées dans le même état qu'auparavant. Les sanctions pénales du titre III n'ont pas, en effet, d'autre but que de réprimer les contraventions à certaines des dispostions de la loi, dont l'observation stricte constituait aux yeux du législateur la première des garanties. Elles supposent toujours la bonne foi des chefs d'établissements, l'absence de toute séquestration ou de tout autre attentat à la liberté individuelle. C'est là leur caractère propre. Les directeurs d'asiles et les médecins qui, en dehors de toute intention criminelle, seraient reconnus coupables de négligence, d'imprudence ou d'erreur en seraient donc passibles.

Du seul point de vue de la protection de la liberté individuelle ces pénalités en elles-mêmes ont paru généralement suffisantes et les projets de réforme qui ont été soumis aux Chambres les ont maintenues.

Mais on conçoit que les tribunaux puissent hésiter dans bien des cas à les appliquer dans toute leur rigueur. Aussi, en fait, sont-elles restées à peu près lettre morte.

CHAPITRE II

Critique du système établi par la loi de 1838
quant à l'administration des biens et à la capacité civile de la personne internée.

Section I

Administration du patrimoine.

Les reproches adressés à la loi de 1838, en ce qui
concerne la gestion du patrimoine de l'aliéné, sont
ceux dont l'opinion s'est le moins inquiétée ; mais
ce sont ceux qui ont été formulés avec le plus d'ensemble. Il semble qu'on ne se soit pas assez aperçu en
1838 que les dispositions protectrices des biens de
l'aliéné constituaient une des garanties les plus efficaces en faveur de sa personne même. Aussi les
questions qui se rattachent à l'administration des
biens et à la capacité de l'aliéné ont-elles été quelque
peu sacrifiées. Dès 1838, au lendemain du vote de la
loi, Duvergier faisait remarquer dans son *Recueil de
lois* que tout ce qui était relatif aux règles sur les
droits civils des aliénés offrait la trace d'une certaine
précipitation et n'était pas toujours en harmonie

parfaite avec les dispositions du Code civil ; et Bertin, dans son livre sur la *Chambre du Conseil* constatait à son tour que la loi était loin d'être assez prévoyante et assez complète relativement aux biens et aux pouvoirs qu'elle entendait conférer aux représentants de l'aliéné.

§ 1. — Critique de la loi.

Les dispositions de la loi sont avant tout défectueuses et incomplètes. Elles ne fixent pas avec assez de précision l'état civil de l'aliéné et ne présentent pas pour lui un ensemble suffisant de garanties.

Les défauts et les lacunes que l'on constate à présent avaient été prévus et signalés lors de la préparation de la loi par quelques orateurs.

C'était tout d'abord une faute, puisqu'on avait voulu établir un régime des biens différent, suivant que le prétendu aliéné serait placé dans un établissement public ou dans un établissement privé, de n'avoir pas rendu obligatoire pour la famille la nomination d'un administrateur judiciaire. On devait s'attendre dès lors à ce que cette liberté laissée aux parents de provoquer à leur gré la nomination de l'administrateur n'en arrivât bientôt à fausser tout le système. Par là on avait pensé aboutir à l'interdiction et on n'obtenait même pas l'organisation d'une administration provisoire.

Celle-ci étant restée facultative, dans la plupart des cas — surtout lorsqu'il s'agissait de gens riches —, on s'en est tenu à l'état de choses antérieur à la loi de 1838, et la famille a continué à gérer les biens sans mandat (1), sans surveillance, sans contrôle. Or, les gérants, s'ils sont honnêtes, n'ont pas les pouvoirs suffisants pour une administration normale, et, s'il s'agit d'administrateurs sans scrupules, tout leur devient possible. « Vous donnez aux familles, « disait le comte Portalis, un moyen, sans recourir « à l'interdiction véritable et légitime, de priver de « son état civil un de leurs membres et de s'emparer « de l'administration de ses biens sans aucun « moyen de surveillance. » Et ailleurs il ajoutait : « Si vous laissez entre les mains des familles ce « terrible moyen de l'interdiction tacite, de l'inter- « diction administrative, vous faites courir à la « société... un danger que je signale... Il faut pré- « server les chefs de famille de la déchéance, les « riches collatéraux de la spoliation. »

A coup sûr, les accusations qu'on porte contre les familles des personnes riches qu'on interne sont le

---

1. On pourrait quelquefois aussi avoir fait constituer par l'aliéné, avant son placement, un mandataire général ; et le rapporteur à la Chambre des pairs faisait précisément remarquer combien un pareil mode de procéder était dangereux et comment il pouvait devenir pour l'aliéné un instrument de ruine.

plus souvent exagérées. La suspicion dont on entoure les parents aux mains de qui la fortune de l'interné est restée, se trouve être le plus souvent injuste. Mais si l'on veut réagir contre les tendances malveillantes de l'opinion publique, mettre les familles à l'abri du soupçon, écarter d'elles les calomnies trop facilement répandues, il n'est pas de moyen plus sûr que de leur imposer un contrôle.

Enfin, il n'est pas douteux qu'un pareil état de choses soit une menace et un danger pour la liberté individuelle et qu'il favorise singulièrement les attentats à cette liberté. Si rares que soient les séquestrations arbitraires, elles demeurent possibles. Or, le plus souvent, quand un cas de séquestration arbitraire est signalé, le motif vrai, le but poursuivi, c'est une mainmise sur la fortune. Tantôt il s'agit d'empêcher un testament, une reconnaissance d'enfant naturel, un mariage qui déplaît à la famille ou qui menace les intérêts des héritiers ; tantôt c'est un détournement qu'on veut opérer, soit qu'on convoite les capitaux, soit qu'on vise plus modestement les seuls revenus. Dans tous ces cas, ce qu'on veut obtenir, c'est une déchéance civile, une incapacité, ou une mainmise sur les biens. Tels sont les motifs les plus fréquents des séquestrations arbitraires.

C'est donc, semble-t-il, du côté du régime des biens que doit porter l'effort principal de la réforme. Il n'est pas de moyen plus efficace de prévenir les internements frauduleux que de tarir la source des profits qu'on en peut retirer. Établir un contrôle légal, imposer partout une administration surveillée, ne permettre nulle part une gestion inorganisée aux mains d'administrateurs improvisés, tels sont les premiers éléments indispensables d'une réforme.

Mais ce n'est pas le seul reproche qu'on ait fait à la loi. On lui en a fait un autre qui n'est pas moins sérieux.

Dans l'intention du législateur il s'agissait d'établir un régime simplement provisoire qui devait aboutir à un régime définitif, l'interdiction ; et il arrive que ce qui ne devait être que provisoire se prolonge et demeure. Il faut se rendre à l'évidence et accepter ce qu'on est impuissant à empêcher. Une expérience de plus de soixante ans a montré que la loi de 1838 n'a pu remonter le courant d'opinion, qui s'était établi dès avant qu'elle fût votée vis-à-vis de l'interdiction : les familles montrent toujours la même répugnance à s'y soumettre. Si donc on n'a plus recours qu'assez rarement en pratique à l'interdiction ; si les mœurs visiblement la rejettent, il est nécessaire d'y substituer une institution nouvelle, capable de rendre les services qu'on ne peut plus attendre du système établi par le Code civil. Mais cet équivalent de l'interdiction devra être organisé pour durer, avec toutes les garanties d'un régime définitif, au lieu de rester un provisoire permanent, pourrait-on dire, qui n'est plus en harmonie avec la fonction qu'on lui fait remplir. Or, à ce point de vue, tels qu'ils résultent de la loi, les pouvoirs de l'administrateur provisoire, qu'il soit légal ou judiciaire, sont tout à fait insuffisants. En restreignant les pouvoirs du représentant de l'aliéné aux actes de pure administration, la loi de 1838 a rendu le mode de gestion qu'elle a organisé inefficace aussitôt après le placement. L'administrateur provisoire est impuissant dès qu'il faut faire quelques-uns de ces actes de disposition qui se présentent si fréquemment dans la gestion d'un patrimoine. Ainsi que le disent MM. Aubry et Rau, en dehors des attributions spéciales qui lui ont été conférées et des pouvoirs généraux que lui donne sa qualité pour les mesures conservatoires, il est à considérer comme dépourvu de mandat. Il ne peut suffire, dit Demolombe, aux nécessités qui doivent se présenter presque toujours, pour peu que l'aliéné ait de la fortune, car il est en échec aussitôt qu'il s'agit d'un acte qui dépasse les limites de l'administration. Ces actes que le représentant de l'aliéné ne peut pas faire ne peuvent être passés par personne autre à sa place. La justice ne peut pas les autoriser; car la loi a conféré uniquement aux tribunaux le droit de donner une autorisation pareille lorsqu'il s'agit d'introduire une action ou d'y défendre.

Tout avait été conçu dans le système de la loi de 1838 pour forcer la main aux familles et les amener

par des moyens de contrainte indirecte à souscrire
d'elles-mêmes une solution que, de prime abord,
elles sont portées à repousser. Le législateur n'a-t-il
pas été assez persuasif ? En tout cas, le plus souvent
ses calculs se sont trouvés déjoués. Les familles ne se
laissant pas convaincre et s'abstenant de poursuivre
l'interdiction, il en résulte qu'à mesure que l'aliénation se prolonge, la situation s'aggrave.

Il est vrai que dans la pratique on s'évertue à
accomplir, lorsqu'on le peut, les actes qu'on n'a pas
qualité de faire. On sollicite du tribunal son autorisation dans des cas pour lesquels elle ne peut être
donnée. On invoque la nécessité incontestable,
l'urgence d'une mesure ; et la force des choses est
telle que la justice a été souvent amenée à sanctionner des actes qu'elle aurait dû repousser et à étendre les pouvoirs de l'administrateur au delà de leurs
limites légales (1).

Puisqu'en 1838 on s'était proposé d'assimiler
l'aliénation mentale à l'absence, en ce qui touche
aux biens, c'est donc qu'au cas d'aliénation mentale
on devait trouver, comme en matière d'absence, deux
périodes successives. L'état transitoire qui marque
la première période n'est acceptable qu'à cette
condition précisément qu'après un certain temps

---

1. Voir quelques exemples instructifs dans BERTIN, *la Chambre du
onseil*, t. II, n°ˢ 738 et suiv.

d'épreuve, alors que l'état est devenu à peu près incurable, le provisoire fasse place au définitif. L'administration provisoire transformée en administration définitive, avec toutes les garanties qu'exige une telle administration se substituera à l'interdiction imposée qui répugne aux familles. Ce sera encore une administration pour autrui, mais une administration qui aura changé de caractère et qui sera organisée en vue de durer.

Ce qui est nécessaire, en tout cas, c'est de simplifier tous ces rouages compliqués entre lesquels on a quelque peine à se reconnaître. Il n'y a pas de raison pour que les fonctions d'administrateur et celles de mandataire *ad litem*, exercées en fait le plus souvent par la même personne, restent dans la loi deux organes distincts. Quant au curateur à la personne, sa fonction étant d'une nature toute différente peut continuer d'être exercée séparément.

Mais ce qui importe plus encore, c'est d'imposer des redditions de comptes périodiques. La liberté individuelle peut y trouver une garantie. Dans la pensée du législateur les redditions de comptes auraient dû avoir lieu à chaque période de renouvellement triennal de l'administration. Il n'en est rien. On se contente généralement, à chacune de ces échéances, de renouveler les pouvoirs de l'administrateur sans exiger de lui aucun compte. Personne, au reste, n'aurait qualité pour en exiger de lui.

Dans le système du Code civil en matière de tutelle la reddition des comptes se place à l'expiration de la tutelle ; elle est faite soit au pupille devenu majeur, soit au nouveau tuteur, lorsque la tutelle a pris fin avant son terme normal. Par assimilation il résultait de ce système qu'en matière d'administration provisoire, cette reddition de comptes aurait dû normalement être faite à l'aliéné lui-même à sa sortie de l'asile. Mais il se peut qu'il n'en sorte jamais, tandis que le mineur est destiné à sortir de tutelle. En outre, dans la tutelle, il existe un subrogé-tuteur qui peut exiger des états de situation ; au besoin il y a un conseil de famille qui pourrait le faire. Rien de tout cela pour l'aliéné. Il est donc nécessaire de remplacer tous ces rouages incapables d'exister à l'état permanent, — au moins s'il s'agit du conseil de famille, — par un organe fixe et stable qui surveille la gestion et qui exige des comptes. Les conseils de famille n'ont qu'une existence éphémère. Ce sont, a-t-on dit, des États généraux qu'on ne réunit plus, et qu'il faut remplacer par un Parlement siégeant en permanence. Et alors, à périodes fixes, chaque année, il faut exiger des comptes. On aura ainsi comblé une autre lacune grave du régime actuel et peut-être prévenu du même coup des attentats à la liberté.

Si donc, du côté des rouages de l'administration tout n'est pas à refaire, tout est à compléter. Mais il s'agit plutôt de consolider que de reconstruire.

Car tout ce qui devait être fait pour organiser un système complet et rationnel, on l'a entrevu en 1838. Mais on a dû s'arrêter à mi-chemin. Les esprits n'étaient pas mûrs pour une réforme intégrale. Il fallait que les inconvénients des demi-mesures se fissent sentir. Depuis longtemps la preuve de ces inconvénients est faite, l'état des mœurs s'est modifié. Peu à peu l'étatisme gagne du terrain sur l'individualisme outrancier des législateurs de 1838. Il ne reste plus qu'à achever ce qui alors n'a été fait qu'à moitié.

§ 2. — Projets de réforme.

Tous les projets soumis aux Chambres depuis 1869 procèdent de cette idée que de plus en plus l'interdiction tend à disparaître : il est rare qu'on y ait recours pour les aliénés soignés à domicile; il n'y a pas d'exemple qu'on en ait fait usage pour les aliénés placés dans un asile. Si pourtant dans ce cas l'interdiction était demandée, ce serait sans doute le plus souvent pour des motifs intéressés tels qu'une déchéance civile à faire prononcer ou une tutelle à obtenir. On est donc fondé à dire, en présence d'une semblable situation de fait, que l'interdiction ne subsiste plus comme institution normale.

Il a paru vain de chercher à remonter un courant d'opinion qui se manifeste si clairement, et on a

tâché de mettre la loi en harmonie avec l'état des
mœurs.

A) *Administration provisoire.* — C'est ainsi que,
pour combler une des lacunes les plus considérables
de la loi de 1838, on a décidé d'imposer une administration provisoire aux aliénés placés dans un asile
public ou privé. Le projet de la Commission du
Sénat (1884) assimilant à un établissement privé
toute maison où un aliéné serait traité, même
seul (1), c'était donc, en définitive, une administration obligatoire pour tous les aliénés qu'on entendait instituer : et, par là, on prévenait sans doute les
fraudes que le régime de 1838 avait favorisées.

Malheureusement le projet du Sénat de 1887 (art. 7)
et les projets qui ont suivi ne s'expriment plus avec
la même netteté. Ils se contentent d'exiger une déclaration qui a pour but de soumettre la maison où
un aliéné est soigné au contrôle et à la surveillance
de l'administration, mais qui n'a pas pour conséquence d'entraîner la nomination forcée d'un administrateur (2). On ne dit plus, en effet, que cette
maison soit comme un établissement privé. Et il n'y
a d'administration provisoire légalement imposée

---

1. Au moins quand celui qui habite la maison n'est pas un proche
parent de l'aliéné (art. 7).

2. Cf. *Projet de 1903*, art. 9.

que pour les aliénés placés dans un établissement ou faisant partie d'une colonie familiale.

Sans doute dans tous les cas, dès qu'il y a eu déclaration, la surveillance du parquet est imposée par la loi, et tous les projets accordent au ministère public le droit de provoquer la nomination d'un administrateur judiciaire (1). C'est là néanmoins une ressource tout à fait insuffisante.

Le mode de désignation de l'administrateur provisoire a donné lieu, suivant les divers projets, à quatre systèmes différents.

Le projet de 1882 (2) distinguait à cet égard entre les établissements publics et les établissements privés. Pour les aliénés placés dans les établissements publics, on maintenait le système, admis par la loi de 1838, d'une administration légale déférée aux commissions de surveillance avec possibilité pour ces dernières de déléguer l'administration à un de leurs membres. — Pour les aliénés placés dans un établissement privé le président du tribunal devait désigner chaque année un ou plusieurs hommes d'affaires, gens de métier, auxquels serait dévolue l'administration provisoire. Et, comme ces administrateurs étaient désignés par avance, un sans

----

1. Cf. *Projet de 1903*, art. 55.
2. *Projet de 1882*, art. 45 et 46.

doute pour chaque établissement privé, l'investiture se faisait de plein droit, par le seul fait du placement, sans délai ni intervalle imposés par l'attente d'une nomination judiciaire.

Le projet de la Commission du Sénat (1884), supprimant la distinction entre les établissements publics et les établissements privés, déférait l'administration légale des biens de tous les aliénés à une Commission permanente centralisant pour chaque département le contrôle et la surveillance de tous les asiles (1).

A côté de cette administration provisoire légale était admise, il est vrai, une administration judiciaire, que la famille, l'administrateur provisoire ou le procureur de la République, pouvait provoquer sans délai, en vue de la nomination d'un administrateur définitif désigné par le tribunal (2). C'était bien la phase définitive qui s'ouvrait, puisque cet administrateur judiciaire voulait être assimilé à un tuteur (3).

Rejetant le système de la Commission permanente et ne distinguant plus suivant les établissements, le projet voté par le Sénat en 1887 allait consacrer le système d'une liste judiciaire dressée d'avance par le président du tribunal. C'était sur cette liste que le

---

1. *Projet de 1884*, art. 54.

2. *Projet de 1884*, art. 59.

3. *Projet de 1884*, art. 61.

ministre de l'Intérieur devait choisir celui ou ceux qui serviraient de curateurs à la personne. Or, dans ce projet, c'était le curateur à la personne qui devait être de droit l'administrateur provisoire, — sauf exception en faveur du mari, désigné dans tous les cas comme administrateur légal (1).

Mais parallèlement à cette administration légale subsiste et s'aggrave l'administration judiciaire des projets de 1882 et de 1884, dédoublée en administration judiciaire et en administration dative (2). Dans les deux cas, l'administrateur est muni de pouvoirs identiques ; il est destiné à remplacer le tuteur, tel qu'il existe sous le régime de l'interdiction. Aussi, a-t-on voulu, comme en matière d'interdiction, faire la part du conseil de famille. La nomination reste donc faite, en principe, par le tribunal ; et c'est l'administration judiciaire. Toutefois, sur la requête de certains parents proches, il peut être demandé que cet administrateur soit nommé par le conseil de famille. Et c'est alors l'administration dative (3).

Enfin apparaît en 1891 avec le rapport Lafont sur la première proposition Reinach, un quatrième sys-

---

1. *Projet du Sénat de 1887*, art. 10 et art. 51 ; *Projet* Dubief *1903*, art. 10 et art. 56.

2. Elles ne diffèrent d'ailleurs l'une de l'autre que par le mode de désignation de l'administrateur.

3. Cf. *Projet du Sénat de 1887*, et *projet* Dubief, *1903*, art. 55.

tème. Tout d'abord, il apportait au système précédent une modification légère, en remplaçant le curateur à la personne par l'administrateur provisoire (1). Puis, comme par la suite, on en était revenu à rétablir le curateur à la personne, il ne parut pas admissible de confondre ce curateur à la personne avec l'administrateur provisoire, qu'il devait précisément avoir pour mission de surveiller. Dès lors, ce devait être sur deux listes, dressées de la même façon, mais distinctes, que le ministre de l'Intérieur aurait à choisir le curateur à la personne et l'administrateur provisoire. De plus, à partir de 1894, la Commission de la Chambre a admis, au lieu de la liste d'officiers ministériels dressée par le président du tribunal, que les commissions de surveillance pourraient accepter de se charger de l'administration légale et désigner quelques-uns de leurs membres pour remplir cette fonction. Ce n'est qu'à défaut de désignation faite à cet effet par la commission de surveillance du département, qu'on en revient à la liste dressée par le président du tribunal.

Aucun de ces systèmes n'a institué une administration légale déférée de plein droit à un parent : un pareil système eût, en effet, été inadmissible. Le

----

1. Cf. *Rapport* LAFONT. Séance du 21 décembre 1891. *Annexe*, p. 70-71.

seul droit reconnu à la famille, c'est celui de provoquer la nomination d'un administrateur judiciaire ou
datif, qui pourra être, il est vrai, un parent proche.
Seulement, par le fait même, l'administration change
de forme. C'est déjà l'administration permanente.
En sorte qu'on peut dire d'une façon générale que
ces projets ne conçoivent pas d'administration provisoire au profit de la famille. Et cependant l'état de
démence peut n'être que passager et ne pas justifier
toujours l'organisation d'une administration judiciaire définitive. Si le tribunal estime, comme il
arrive le plus souvent, que la famille ne mérite
aucune suspicion, quels motifs a-t-on de la dessaisir?
Il y a là sans doute un défaut. Il faut que l'administration, même en tant que provisoire, et destinée à
rester provisoire, puisse être déférée à d'autres qu'aux
personnes désignées sur une liste administrative. Mais
pour cela, il faudrait, au lieu d'une administration
légale déférée de plein droit à une personne figurant
sur une liste éventuelle, que le tribunal reçût la mission, pour chaque cas particulier, de désigner l'administrateur, et qu'il eût à cet égard pleins pouvoirs
de le choisir, soit parmi les membres des commissions de surveillance ou les officiers ministériels
désignés sur une liste dressée par le tribunal, soit
parmi les parents, alliés ou amis de l'aliéné.

Ce serait bien encore une administration de caractère légal, puisqu'elle serait imposée par la loi, mais

qui, par son mode de désignation, deviendrait une
administration judiciaire. En décidant que le tribunal ne pourrait jamais, au moins quand il s'agit d'administration provisoire, être dessaisi de son droit
de désignation, pas même au profit du conseil de
famille, on trouverait dans les pleins pouvoirs ainsi
donnés aux juges toutes les garanties nécessaires.

C'est, en effet, surtout au moment du placement
que les manœuvres intéressées peuvent se produire
et sont à craindre. Il est donc indispensable qu'à ce
moment le tribunal ne soit pas dessaisi de la pléni-
tude de ses pouvoirs.

On a craint sans doute que ce système de désignation judiciaire n'entraînât des longueurs, alors
qu'on voulait précisément assurer l'investiture immédiate et de plein droit de la gestion des biens au
profit d'un administrateur éventuel, en quelque sorte
désigné d'avance. Mais ne risque-t-on pas avec les
systèmes admis de se heurter à de véritables impos-
sibilités pratiques ? Quand il s'agit d'individus possédant de grosses fortunes, comment un seul administrateur, fût-il avoué ou notaire, pourrait-il assumer
la lourde tâche de gérer tous les patrimoines appar-
tenant aux aliénés placés dans un seul établissement ?
Ces inconvénients, le système de la libre désignation
judiciaire permettrait de les éviter. D'autre part, si,
comme on l'a proposé, la nomination de l'adminis-

trateur revenait au *juge des aliénés* (1), on n'aurait à redouter ni délais trop longs, ni formalités compliquées.

Enfin, une administration judiciaire, mais provisoire, aurait sur l'administration provisoire légale cet avantage de ne pas dessaisir nécessairement les familles, sans qu'il soit possible en aucun cas de les laisser en possession des biens. Cette possession les projets actuels ne la leur laissent qu'après les avoir réduites à une administration définitive et permanente, organisée à la façon de l'interdiction.

Tous ces projets n'ont pas été conçus, comme on l'a soutenu quelquefois, dans une pensée de défiance à l'égard de la famille. Si on écarte, au moins pour un temps, l'entourage de l'aliéné de la gestion du patrimoine, ce n'est pas en vertu d'une présomption d'indignité, qui serait le plus souvent injustifiée. La preuve en est qu'il est permis dès le début, c'est-à-dire au moment même où les irrégularités sont le plus à redouter, de demander une administration judiciaire ou dative, et que, dans ce cas, juge et conseil de famille redeviennent entièrement maîtres de leur choix.

L'idée dominante dont on s'est inspiré paraît être

---

1. Voir *supra* la réforme proposée en matière de placement par la Société d'Études législatives.

que l'administration légale n'est qu'un provisoire, qui, comme tel, ne doit pas être encouragé et qu'on doit restreindre aux mesures les plus simples, les plus indispensables, les plus urgentes. Dès lors qu'une gestion un peu compliquée vient à se présenter, ou si dès l'abord l'état de l'aliéné paraît devoir se prolonger, il devient nécessaire d'organiser l'administration définitive. Cette administration étant forcément judiciaire, on a voulu que l'administration provisoire fût différente ; qu'elle fût légale, — par conséquent plus rapide et plus simple. Mais il semble qu'au contraire, lorsqu'une administration définitive au profit de la famille doit suivre à court intervalle, ce déplacement successif de gestion doive entraîner des formalités et des frais inutiles.

B). — *Administration définitive.* — Quand l'état de démence devient habituel, on pouvait concevoir que l'on imposât l'interdiction. Elle est faite précisément pour ces états qui se prolongent.

Mais outre que l'interdiction implique une procédure, elle exige des formalités et une publicité que les familles veulent généralement éviter.

D'autre part, elle organise une tutelle purement familiale, où la nomination du tuteur revient de droit au Conseil de famille et où celui-ci, au cours de la tutelle, est l'organe de contrôle de droit commun. De nos jours ces garanties ne sont plus suffisantes.

Que d'interdiction subsiste sous le régime nouveau ;

que les parents conservent le droit d'opter pour
elle, si elle a leur préférence, cela se peut admettre. Mais on aurait tort de restreindre à cette conception unique toute l'organisation tutélaire en
matière d'aliénation. Par-dessus tout il importe de
maintenir la surveillance d'une commission administrative; il faut qu'en principe, tout au moins, la désignation de l'administration soit réservée au tribunal.

Il paraît désirable aussi que la présomption d'incapacité qui découle du placement dans un établissement quel qu'il soit, ne soit pas la même que celle
qui naît de l'interdiction. N'arrive t-il pas quelquefois, en effet, que le malade soit conservé dans l'asile,
alors que sa guérison est déjà obtenue ? Ce qu'il
faut, en tout cas, c'est que cette présomption cesse
par le seul fait d'une sortie régulière, sans qu'il soit
besoin d'attendre un jugement de mainlevée.

Ces raisons ont amené les divers projets de réforme
à organiser, à côté de l'interdiction, une institution
en quelque sorte parallèle, qui puisse en tenir lieu
sans avoir le même fonctionnement. Cette institution c'est l'administration définitive.

Les projets de 1882 et de 1884 n'avaient admis
qu'une administration judiciaire, déférée par le
juge. Mais le projet du Sénat, en 1887, a permis l'organisation d'une administration dative, déférée par le
conseil de famille, sur la demande de certains
parents proches ou du conjoint.

On peut s'étonner qu'ayant rejeté l'intervention du conseil de famille pour la constitution de l'administration provisoire, on n'ait pas, à plus forte raison, réservé à la justice seule le droit de désignation quand il s'agit d'une organisation définitive et permanente, — sauf à imposer, si on le juge utile, et sur demande de qui de droit, l'avis du conseil de famille.

Du moment où l'interdiction, tutelle d'organisation familiale, est laissée à la disposition des intéressés, il semble que les deux systèmes doivent rester entièrement indépendants l'un de l'autre, sans pénétration réciproque de l'un à l'autre.

Mais on relève dans tous ces projets la même lacune : Aucun n'exige le passage, après un certain temps de durée, de l'administration provisoire à l'administration définitive (1). Ils permettent sans constatation médicale, sans avis préalable d'aucun conseil ou commission, de demander un administrateur définitif, — cela, dès la période de début, alors que l'état reste incertain et qu'une guérison est encore possible à brève échéance. Et, quand l'état est devenu incurable ou tout au moins permanent, ils ne rendent pas obligatoire une transformation correspondante du régime des biens.

______

1. Le projet de la Société d'Études législatives imposé cette transformation après un délai maximum de trois ans.

Il n'est pas admissible que le caractère provisoire ou définitif de l'administration puisse dépendre de la seule volonté des intéressés. Les deux administrations successives qu'on organise doivent être en corrélation avec des situations pathologiques différentes. L'administration provisoire doit répondre à un état incertain, temporaire ; quant à l'administration définitive, tout comme l'interdition à laquelle elle correspond, elle s'impose là où l'état devient permanent.

Et cette interdiction nouvelle, sans formalités, ni publicité gênantes, la loi, dans l'intérêt des tiers, comme dans l'intérêt des familles, aura le devoir et le droit de la rendre obligatoire pour tous, de l'imposer même, quand on n'en voudra pas.

SECTION II

Capacité civile.

§ 1. — Critique de la loi.

Si on a généralement vu les dangers d'une demi-capacité, lorsqu'il s'agit de personnes à qui on veut faire prendre des mesures graves, — signature de pièces, ratification d'actes — qu'on puisse prétendre ensuite avoir été prises à la faveur d'un intervalle lucide, afin d'en faire ainsi peut-être reconnaître la validité, on n'a peut-être pas assez songé à l'hypothèse contraire, où l'on veut empêcher des actes qui, en réalité, auraient peut-être été réguliers et valables,

et en prévision desquels on enferme celui qui
veut les faire dans un asile, le frappant ainsi de
déchéance par le seul fait du placement. Le cas peut
se présenter notamment pour une reconnaissance
d'enfant naturel, pour la régularisation d'une union
illégitime.

Il s'agit, on le voit, d'un problème des plus complexes, où l'on se heurte aux éléments les plus contradictoires. Est-il juste, est-il désirable, est-il conforme aux vraies données de la science de toujours
annuler de pareils actes, alors même qu'un état
pathologique serait établi ?

Dans le cas d'une reconnaissance d'enfant naturel, par exemple, il s'agit d'un fait à reconnaître et
d'un aveu à formuler. Il se peut que, dans l'intention
de celui qui veut faire la reconnaissance, cet aveu
soit déjà pour lui un fait acquis depuis longtemps,
une résolution prise à un moment où il avait encore
toute sa raison. Or il se peut que l'opposition que
ses projets auront rencontrée dans son entourage,
les obstacles auxquels il s'est heurté, aient troublé
son cerveau, exalté ses sentiments, abouti enfin à un
état morbide qui confine à la folie. On l'enferme
dans l'asile. Est-ce à dire que la présomption d'incapacité qui résulte de cet état pathologique doive
s'étendre à tous les actes qu'il pourra faire, même à
un acte qu'il avait déjà résolu depuis longtemps, en
pleine possession de sa raison, et qu'il accomplirait

à cette heure dans la même pensée qu'il l'a autrefois conçu ? La volonté se dédouble : en pleine incapacité juridique, et sans que la démence ait pris fin, c'est la volonté juridiquement capable et libre qui va agir ; la volonté troublée, obsédée, délirante, ou monomane ne se montrera qu'après. En dehors de tout intervalle lucide, il peut y avoir un retour partiel qui fasse échec à l'état d'incapacité. Capacité et incapacité, ce sont deux faces d'un même état, lequel montre tantôt l'une tantôt l'autre.

Toutefois, pour qu'il en soit ainsi, il faut supposer que cette reconnaissance d'enfant naturel ne coïncide pas avec un état véritable de fureur ou d'inconscience ; car ce serait alors la volonté elle-même qui ferait défaut. Il n'y aurait plus de consentement. Mais en prenant le malade dans une période de calme relatif, de lueur fugitive de conscience et de raison, il peut arriver qu'il agisse en pleine capacité, sans mettre en jeu aucun des mobiles qui se rattachent à sa monomanie. Si l'incapacité n'est qu'une présomption, toute incapacité, même tant qu'elle dure encore, comporte en soi et normalement, scientifiquement et pathologiquement l'admissibilité d'une preuve contraire, l'admissibilité de la preuve d'un état transitoire et partiel de capacité. Capacité relative non plus à une période qui puisse constituer un intervalle lucide, mais re-

lative à un acte qui puisse être qualifié d'acte
lucide.

Aussi, avec le large pouvoir d'appréciation qu'il
laisse au juge, le système de la loi de 1838 pourrait-
il être excellent, — à cette double condition, toutefois qu'il fût juridiquement précisé et qu'il restât
purement provisoire.

Un tel système, en effet, avec le vague qui le
caractérise à ses débuts et les larges pouvoirs qu'il
comporte au profit du juge, n'est acceptable que
comme transition entre la pleine capacité qui précède et l'incapacité légale qui doit suivre, lorsque
l'administration provisoire aura fait place à l'administration définitive.

Cette situation indécise, avec l'insécurité qu'elle
présente pour les tiers ne doit pas se perpétuer.
Pour la sécurité des relations juridiques un moment
doit venir où forcément s'imposera un régime analogue à celui qui dérive de l'interdiction et de l'article 502 du Code civil.

Mais il serait dangereux de l'établir dès le début;
car c'est précisément au moment du placement ou
dans la période qui suit immédiatement, que peuvent
se placer les actes que la famille a pu vouloir empêcher et qui ont peut-être été le vrai motif du placement. Il ne faut pas qu'à l'égard de ces actes le
tribunal, dès le début, ait les mains liées ; il faut que
le juge ait précisément en ce qui les concerne ces

larges pouvoirs d'appréciation qu'il tient de la loi de 1838, et dont le seul inconvénient aujourd'hui est de se prolonger indéfiniment.

Quant à l'incertitude qui peut résulter de ce système, elle correspond à l'incertitude dans laquelle on se trouve à l'égard de l'état mental de l'interné. Si l'on n'enfermait que les gens qui fussent en état d'être interdits, on s'exposerait à attendre, pour les soigner rationnellement, que le mal fût incurable. De plus, un système de déchéance trop prompte risquerait de rendre plus rares les placements faits au début d'une crise, alors qu'il y a quelque chance de guérison.

Si donc l'état lui-même est incertain, il faut que la même incertitude au sujet de la capacité se reflète dans la situation juridique Pendant la période d'attente du début, le juge doit pouvoir traiter le sujet au point de vue de sa capacité, comme il aurait dû le traiter s'il était resté à domicile. Traité dans sa famille, il eût fallu dans l'état actuel de notre législation, s'en tenir, en ce qui touche la capacité, aux règles du droit commun. S'il est mis en traitement dans un asile, il ne faut pas sans doute que le juge soit tenu de lui appliquer les mêmes solutions juridiques que le droit commun lui-même aurait imposées. Mais il faut qu'il en ait le pouvoir. C'est là simple équité.

Mais lorsque l'état de folie se précise, devient permanent, et que le placement se prolonge, il convient que cette période d'incertitude cesse. Il vient un moment, qui coïncidera sans doute avec celui où l'administration des biens changera de forme, où l'incapacité légale se substituera nécessairement à la constatation toujours vague et incertaine d'un état d'incapacité de fait. Il le faut pour la sécurité des relations juridiques et pour la conservation du patrimoine.

Pour la période de début, du moins, le régime de la loi de 1838 pourrait donc être accepté et défendu ; mais encore faudrait-il qu'il fût précisé et qu'on sût exactement quels pouvoirs il confère au juge.

Malheureusement, avec le système actuel, toutes les interprétations sont possibles. Ce n'est pas la discussion confuse de 1838 qui peut aider à en percer l'obscurité.

On peut soutenir que c'est au demandeur à prouver la démence actuelle, au moment de l'acte qu'il veut faire annuler ; or, dans le cas le plus ordinaire, celui d'une démence purement habituelle, et non permanente, les heures de lucidité sont fréquentes. Comment prouver qu'au moment où l'acte a été passé, c'était la folie ou la lucidité qui l'emportait ? Si l'acte ne porte aucune trace de démence, la présomption sera en faveur de la capacité. Dans un système rigoureux qui refuserait au juge un pouvoir de libre appréciation, le tribunal devrait s'incliner et maintenir l'acte. Dès lors tout est possible : les faits qu'on allègue, — sorties de quelques jours, peut-être de quelques heures, en vue d'un acte à accomplir, — deviennent non seulement vraisemblables, mais efficaces. S'il faut prouver la démence au moment de l'acte, toutes les présomptions, en pareil cas, seront en faveur d'un intervalle lucide.

Il en sera de même encore dans le système cependant plus protecteur d'une présomption d'incapacité résultant du fait du placement, mais susceptible de céder devant la preuve d'un intervalle lucide. En pareil cas, lorsque le prétendu aliéné sort en liberté et qu'il paraît vaquer à ses affaires, la preuve est plus qu'à moitié faite de l'existence d'un intervalle lucide.

Et d'ailleurs, quand même il s'agirait vraiment d'un intervalle lucide, il serait sans doute assez téméraire de soutenir que la capacité correspondant à un intervalle lucide soit aussi pleine que celle qu'on doit reconnaître à l'homme sain d'esprit. Il paraît plus vraisemblable d'admettre que le malade qui connaît son état, qui a, par conséquent, le sentiment de sa déchéance et qui est peut-être en proie à cette sorte de timidité ou de honte que laissent communément les maladies mentales, sera plus accessible aux suggestions, à la captation.

Cependant si l'on doit admettre que tout intervalle lucide restitue à celui qui était aliéné et qui est encore un aliéné en puissance, toute la capacité d'un homme normal, il n'y aura plus à tenir compte, ni des manœuvres dont il a pu être l'objet, — tant qu'elles ne rentreront pas dans la définition du dol —, ni de la captation, — si elle ne constitue ni erreur ni violence. Il faudra subir la validité de tous les actes dans cette période, exactement comme pendant la crise, il eût fallu annuler sans distinction tous les actes passés pendant qu'elle dure.

Par là on voit, au moins en ce qui concerne l'état de capacité de la période qui suit le placement, que tout système de précision rigoureuse serait dangereuse. Celui d'une incapacité légale absolue risquerait de faire le jeu des familles qui auraient provoqué le placement en vue de rendre inefficaces certains actes juridiques peut-être tout à fait réguliers ; — celui d'une simple présomption légale susceptible de preuve contraire, — si du moins la preuve contraire devait résulter nécessairement de l'existence d'un intervalle lucide, — suffirait à l'inverse, à faire reconnaître la validité et à imposer le maintien des actes les plus suspects.

Si donc on peut encore soutenir le système de la loi de 1838 comme système initial et provisoire, c'est à la condition de le formuler assez nettement pour qu'il soit admis qu'une fois la démence prouvée, il doive en résulter une simple présomption d'incapacité, susceptible de céder devant la preuve contraire d'un état de pleine capacité. La pleine capacité ne coïncide pas forcément avec un intervalle lucide au cours d'un état habituel de démence, alors que, tout au contraire, on pourrait en admettre l'existence sous l'empire d'une crise latente et virtuelle pour certains actes considérés comme n'étant pas solidaires des troubles cérébraux.

Telles sont les précisions que la doctrine a été impuissante à faire admettre et qu'il faut attendre d'une réforme législative.

§ 2. — Projets de réforme.

Dans les différents projets de réforme de la loi de 1838 la partie relative à la capacité civile semble n'avoir fait l'objet que d'une étude un peu superficielle.

Deux systèmes seulement ont été présentés : le premier est celui du projet du gouvernement de 1882, accepté par la Commission du Sénat en 1884. Le second est celui du projet définitif voté par le Sénat en 1887. Ce dernier a été repris à peu près intégralement par toutes les propositions qui ont suivi.

D'après le projet de 1882, le seul fait du placement dans un asile suffisait, sans qu'on eût à prouver l'état de démence, à fonder une présomption d'incapacité, sauf le droit pour les parties intéressées, de faire la preuve d'un intervalle lucide au moment où l'acte avait été fait (1).

---

1. C'est d'ailleurs en ce sens que M. Huc avait interprété la loi de 1838. Cf. Huc, *Des aliénés et de leur capacité civile*, 1869, p. 16-18.

Le projet de 1884 subordonnait toutefois cette présomption légale au maintien judiciaire du placement. C'est une solution qui s'imposait en effet. Il était naturel, si le placement n'était pas confirmé par le tribunal, que la présomption légale disparût rétroactivement et que la preuve de l'incapacité de fait dût être faite dans les conditions du droit commun.

Même dans le projet de 1884, il ne paraît pas que la transformation de l'administration provisoire en administration définitive ait dû modifier ce système d'incapacité légale. Pourtant, l'administration définitive devenant l'équivalent de l'interdiction, au moins par l'étendue des pouvoirs confiés à l'administrateur, on eût pu concevoir que la présomption d'incapacité fût, à partir de ce moment, établie sur le modèle de la présomption absolue de l'article 502 du Code civil, qui n'admet même pas la preuve contraire résultant d'un intervalle lucide. Mais l'idée n'en était pas venue aux auteurs du projet de 1882. Déjà l'admission d'une présomption résultant du seul fait du placement et dispensant de toute preuve de la démence, avait soulevé de sérieuses critiques de la part des juristes, qui ne pouvaient admettre une déchéance civile qui ne fût pas prononcée par justice. Une intervention du tribunal avait bien lieu sans doute pour la maintenue du placement ; mais le point de vue est loin d'être le même que celui auquel on se place pour prononcer l'interdiction.

L'état mental d'une personne peut, en effet, suffire à justifier son placement, sans qu'il donne pourtant matière à un retrait absolu de capacité.

De plus, ce système de présomption légale résultant du placement se heurtait à de graves objections, en particulier au cas assez fréquent d'un placement maintenu encore quelque temps, après guérison complète.

Pour les placements injustifiés, la commission du Sénat, sans tenir compte des nuances, écartait rétroactivement toute présomption, si le placement n'était pas maintenu. Il se peut, en effet, que le placement ne soit pas maintenu, non parce qu'à l'époque du placement l'aliénation n'était pas suffisamment établie, mais parce qu'au jour du jugement l'accès de démence était déjà passé.

Toutefois, malgré l'accueil assez défavorable que rencontrait l'idée d'une présomption légale on devait reconnaître que la pratique exigeait cette dérogation aux principes. Mais il fallait une règle sûre, une solution qui échappât aux interprétations imprécises et arbitraires de la loi de 1838. Surtout on devait s'attacher à prévenir les manœuvres qui consistaient à profiter d'un moment de lucidité apparente pour obtenir une sortie provisoire et faire signer à l'aliéné les actes les plus graves. L'hypothèse inverse, où le placement n'est motivé que par le désir d'empêcher l'accomplissement d'un acte tout à fait normal et régulier, sur le point d'être réalisé, n'avait pas été prévue.

Ce système eût sans doute pu convenir à la période de l'administration définitive. Pour la période de début, on serait tenté de le trouver déjà quelque peu excessif, si cette épithète ne s'appliquait beaucoup mieux encore au système qui prévalut définitivement devant le Sénat, en 1887.

Le projet de 1887 établit, en effet, la présomption d'une incapacité de droit, générale et absolue, sans possibilité d'aucune preuve contraire, exactement comme en matière d'interdiction. Cette présomption résulte du seul fait du placement, sans qu'on distingue entre la période de l'administration provisoire et celle de l'administration définitive.

Cependant le projet admettait une exception au caractère absolu de la présomption d'incapacité. Le droit de faire la preuve d'un intervalle lucide était réservé lorsqu'il s'agissait d'actes impliquant l'exercice de droits attachés exclusivement à la personne et non susceptibles d'être accomplis par mandataire. Par là on laissait quelque chance de maintien pour certains des actes auxquels un internement sinon arbitraire, au moins sans urgence, aura eu quelquefois pour but d'enlever toute valeur.

Les derniers projets ne font plus d'exception. Par défiance des manœuvres auxquelles l'aliéné peut être exposé, ils établissent une présomption d'incapacité absolue sans faire de distinction en faveur des moments de lucidité, sans exception même pour les actes que le représentant légal ne pourrait pas faire lui-même au nom de l'interdit, et cela, dès cette période incertaine, le plus souvent si peu caractérisée, qui correspond à l'administration provisoire. En sorte que, sans jugement, par le seul fait d'un placement volontaire ou d'office, on en arrive à prononcer une déchéance totale de capacité.

Outre qu'il y a là très certainement excès de protection, ce système menace encore de multiplier les placements sans cause suffisante. Pour couper court à certains projets qui ruinent leurs espérances ou lèsent leurs intérêts, il est à craindre que les personnes qui pourraient continuer à soigner un malade à domicile, ne le fassent hospitaliser.

De plus, si, par le seul fait d'un internement, on arrive au même résultat que par une procédure longue, compliquée, entourée des plus sérieuses garanties, autant vaut supprimer l'interdiction.

Enfin ne va-t-on pas surtout sacrifier les tiers, enlever toute sécurité aux relations juridiques, et par là, ruiner le crédit ?

Aujourd'hui l'interdiction est entourée d'une double publicité : celle qui lui vient de l'article 501 du Code civil, par l'affichage du jugement, et celle qui lui vient de la loi du 16 mars 1893, par la mention au registre spécial tenu au greffe. Et c'est précisément cette

publicité qui détourne les familles de l'interdiction.
Aussi n'a t on pas voulu réclamer pour l'administration définitive qui en sera l'équivalent, une publicité
analogue.

On compte sur le fait de l'internement pour constituer une démonstration extérieure de l'état de l'individu. Mais bien des fraudes néanmoins sont encore
possibles : Il y a d'abord les sorties simulées ; peut-
être aussi pourra-t-on voir une sortie définitive là où
il n'y aura qu'une sortie d'essai ou une sortie-congé.
De plus le système des colonies familiales apporte
aujourd'hui un nouvel élément d'incertitude, — les
aliénés pouvant avoir une apparence de liberté et de
vie normale qui trompe les tiers. Il y a certes imprudence de la part des tiers à avoir traité, dans l'ignorance de sa situation vraie, avec une personne sous
le coup d'un placement; c'est ce qui justifie l'idée
d'une présomption légale. Mais il paraît peu équi-
table de refuser aux tiers le droit de faire la preuve
d'un intervalle lucide. Le prétendu aliéné pouvait
présenter toutes les apparences de la raison, et même
l'avoir réellement recouvrée pour un temps. Pendant
cette période de lucidité une certaine liberté lui est
rendue ; il est autorisé à sortir. Les actes qu'il pourra
faire au cours de sa sortie auront vraisemblablement
toutes les apparences d'actes raisonnables et même,
au fond, en auront la réalité. Il est donc naturel que
les tiers puissent s'y laisser tromper. Comment leur

refuserait-on le droit de prouver tout au moins l'état de capacité actuelle au moment de l'acte ?

Ce n'est pas en autorisant alors la preuve d'un état transitoire de capacité qu'on risquera de compromettre les intérêts de l'individu sous le coup d'une décision de placement. Pour être admise, la preuve devra sans doute être faite surabondamment. D'ailleurs, même en période de lucidité, dès que l'acte aura été entouré de manœuvres capables d'impressionner un esprit encore ébranlé, il sera facile de se refuser à reconnaître qu'il y ait pleine capacité recouvrée.

Au reste, si la présomption légale d'incapacité résultant du seul fait du placement, avec réserve de la preuve contraire, s'impose dans la période de l'administration définitive, il ne paraît pas qu'on puisse l'admettre de même dans la phase antérieure, qui correspond à l'administration provisoire. Aucune présomption d'incapacité ne doit alors être attachée au seul fait du placement. C'est l'état habituel de démence qui, conformément au système de l'article 503 du Code civil, justifie la présomption d'incapacité ; et le placement à lui seul, même confirmé par justice, ne suffit pas à faire présumer un état *habi tuel* ; il ne prouve qu'un état de démence. Il paraît donc impossible ici de dispenser de la preuve d'un état habituel de démence. C'est le moyen plus simple d'éviter que les décisions relatives au placement aient une répercussion sur l'état juridique, de dégager la question de capacité de tout lien de dépendance avec une décision de non-maintenue du placement. Il se peut qu'il y ait eu pendant quelques jours une crise réelle, et que celle-ci se reliât à un état antérieur de démence habituelle; si cette preuve est fournie, et si l'acte a été fait pendant le placement, pourquoi n'en pas faire découler une présomption d'incapacité, sauf la preuve contraire d'un état transitoire ou partiel de capacité? L'idée d'un état partiel de capacité peut seule permettre de déjouer les fraudes organisées contre les actes conçus en pleine lucidité et entravés par le fait du placement.

La preuve d'un état habituel de démence, si utile au cas de sortie à brève échéance, alors qu'on peut craindre que l'individu ait été interné sans avoir été réellement aliéné, ne deviendra jamais gènante dès que l'internement a fait l'objet d'une décision de maintenue, et qu'il se prolonge. Elle ne constituera pas une difficulté de plus, et elle peut cependant devenir une garantie.

Il s'agit donc, en définitive, d'établir un système gradué suivant en quelque sorte les diverses étapes qui se trouvent dans la réalité : Pendant une première phase préparatoire, système de libre appréciation judiciaire permettant aux tribunaux d'adapter leurs sentences aux nuances les plus délicates

des espèces qui leur sont soumises : et c'est là conception même de la loi de 1838.

Pendant la seconde phase, dès que s'organise le
régime définitif, ouverture d'une période d'incapacité
légale, ou plutôt de présomption d'incapacité, mais
avec réserve de la preuve contraire. Ainsi l'exigent
le défaut de publicité et l'intérêt des tiers.

Enfin, à côté de cette réglementation nouvelle,
subsisterait l'interdiction du Code civil avec tous ses
caractères traditionnels de tutelle familiale, d'incapacité absolue et de publicité légale.

CONCLUSION

Si depuis quarante ans la loi de 1838 a été discutée ce n'est pas qu'on ait pu signaler un grand nombre de séquestrations arbitraires commises à l'abri de ses dispositions ; encore certains cas paraissent-ils douteux.

Elle a été attaquée par la presse d'une façon à la fois vague et passionnée toutes les fois qu'on a pu croire à une violation de la liberté individuelle. Mais ces critiques n'ont été provoquées que par des faits assez rares et souvent mal établis.

Elle a été attaquée aussi par quelques médecins qui cherchaient à restreindre une responsabilité qui leur paraissait trop étendue et qui voulaient soustraire leur autorité à des discussions publiques.

Elle a été attaquée surtout par des juristes, soucieux sans doute de rassurer une opinion facilement inquiète ; plus soucieux peut-être encore de mettre en harmonie la législation sur les aliénés avec les principes généraux de notre droit public.

Que reprochent-ils précisément à la loi de 1838 ? C'est d'avoir substitué dans l'appréciation d'une cause où la liberté des particuliers est en jeu, l'autorité administrative au pouvoir judiciaire, et la décision forcément impersonnelle d'un fonctionnaire unique au jugement rendu par un tribunal ne statuant qu'après une conviction personnelle acquise.

Juristes et médecins ont été d'accord pour penser que la loi de 1838 était incomplète, parce qu'elle ne contient aucune disposition relative aux aliénés soignés dans leur famille. De plus, cette loi qui avait prétendu avant tout pourvoir à la sûreté des personnes a laissé subsister un grave danger en ne soumettant pas à un régime spécial les aliénés dits criminels.

D'autre part, le régime des biens établi par la loi de 1838 ne créait une administration légale qu'au profit des aliénés internés dans les asiles publics ; pour ceux qui étaient placés dans un établissement privé, et pour qui une séquestration arbitraire paraît plus à redouter, la nomination d'un administrateur judiciaire restait facultative, et en fait, la famille se dispensait souvent de la demander ; — de plus ce régime boiteux avait un caractère essentiellement provisoire ; tout y était orienté vers l'interdiction ; mais, comme cette solution définitive répugnait aux familles, ce provisoire se prolongeait souvent jusqu'à la mort du malade, permettant ainsi tous les abus ; — en dernier lieu le système établi par la loi d'une incapacité de fait permanente pendant toute la durée de l'internement paraissait favoriser les séquestrations injustifiées, en raison des tentations qu'il offrait aux familles peu scrupuleuses.

Nous avons vu quelles réformes ont été proposées, quels projets de loi ont été élaborés.

On demande tout d'abord que le droit exclusif de statuer sur le placement des aliénés revienne à la justice; — en second lieu que les familles dans lesquelles un aliéné sera traité soient soumises à la surveillance et au contrôle de l'État; — que les aliénés dits criminels déclarés guéris soient remis en liberté, mais restent néanmoins soumis à un régime d'étroite surveillance et que, si leur état inspire à nouveau des craintes, on puisse procéder à leur réinternement immédiat; — que le régime des biens reçoive une organisation capable de rendre les services qu'on ne peut plus attendre de ce moyen extrême de l'interdiction, auquel les familles ne recourent pas volontiers; — qu'un contrôle légal soit établi; — qu'une surveillance soit imposée à l'administration; — qu'enfin ne soit plus tolérée nulle part une gestion inorganisée aux mains d'administrateurs improvisés. Ainsi les biens de l'aliéné seront mis à l'abri des entreprises de ses proches et, par là, on aura assuré une garantie plus solide de la liberté individuelle. — Le même motif a rendu désirable en matière de capacité l'établissement d'un système

gradué, suivant, en quelque sorte, les différentes
étapes qu'on retrouve dans la réalité : d'abord, système de libre appréciation judiciaire, — puis ouverture d'une période d'incapacité légale, ou plutôt de
présomption d'incapacité avec réserve de preuve
contraire.

Comme on le voit, on a essayé de concilier dans
ces projets de réforme ce que l'on doit à l'intérêt
du malade, à la liberté de l'individu, à la sécurité
de tous. C'est une tâche très délicate parce qu'elle
est très complexe. Il y faut à la fois une certaine
rigueur de principes et un sentiment très net des
réalités et des nuances. On doit se résigner d'avance
à faire une œuvre imparfaite. Après tout la logique
parfaite n'est pas le critérium d'une bonne législation. La législation doit être en harmonie avec le
milieu vivant, et le milieu vivant n'est pas simple.
On a même remarqué que les législations en apparence les moins rationnelles étaient celles qui, à
l'épreuve, donnent les meilleurs résultats. Elles ont
du moins cet avantage qu'on les corrige et qu'on
les améliore plus facilement (1).

Sans doute le législateur de 1838 avait vu la com-

---

1. C'est ainsi que dans la législation anglaise sur les aliénés le
statut de 1845, en vingt ans, a été amendé et complété par vingt-
cinq statuts successifs.

plexité du problème et il a tenu compte dans une certaine mesure du principe de la liberté individuelle comme de l'intérêt du malade, mais sa préoccupation dominante, que révèlent l'exposé des motifs de M. de Gasparin et les rapports de Vivien et du marquis Barthélemy, a été de garantir la sécurité publique.

Il est clair que les trois intérêts en présence ne peuvent pas dans la pensée du législateur avoir une importance égale. Il faut faire un choix et subordonner les deux autres à celui qu'on considérera comme fondamental. Subordonner et non sacrifier. A cet égard depuis 1838 l'opinion a changé. On cherche, sans compromettre la sécurité publique, à protéger plus sérieusement la liberté de la personne contre toute atteinte arbitraire.

Pendant longtemps le fou a été traité comme un malfaiteur, et, comme tel, emprisonné. Le Code pénal l'a assimilé aux « animaux malfaisants ou féroces », qu'on ne peut laisser vaquer librement. Avec Pinel il est devenu un malade, que l'on doit toujours soigner et que l'on peut parfois guérir. Ces idées ont en partie inspiré les législateurs de 1838. Nous devons aujourd'hui aller plus loin dans une voie où ils ont eu le mérite de s'engager les premiers. Nous devons considérer le fou comme une personne et lui accorder tous les droits compatibles avec une situation exceptionnelle.

On est allé jusqu'à dire que la seule amélioration possible de la législation sur les aliénés consisterait à supprimer toute loi et à laisser l'aliéné dans le droit commun. Le fou serait alors considéré comme un malade ordinaire et jouirait des mêmes libertés. Les solutions les plus radicales ne sont pas toujours les plus sérieuses.

Le fou n'est pas un malade ordinaire. C'est un malade qui peut devenir un criminel et la société a le droit de se protéger contre lui. Mais il ne faut pas exagérer les précautions : le fou n'est pas *totalement* différent de l'homme sain d'esprit et, par conséquent, il ne doit pas être traité d'une façon *totalement* différente.

Les progrès de la médecine mentale ont déjà fait avancer la législation des aliénés. Un jour viendra peut-être où toute folie sera guérissable. Ce jour-là l'idéal encore bien lointain, du droit commun pour les aliénés deviendra une réalité. D'ici là, la loi doit être assez souple pour suivre l'évolution de la science médicale.

Toute législation est appelée à évoluer ; la législation sur les aliénés plus que toute autre, puisque la science des maladies mentales n'est pas encore faite et qu'elle se fait peu à peu.

Mais, à travers toutes les modifications, toutes les améliorations possibles, elle devra rester fidèle à ce

principe, établi par la Révolution française, que la
liberté de l'individu ne peut être restreinte sans d'im-
périeuses raisons et qu'on n'y peut porter atteinte
que par une décision de justice.

———————

Vu : le Président de la thèse,
PIÉDELIÈVRE

Vu : le Doyen,
GLASSON

Vu et permis d'imprimer :
Le Vice-Recteur de l'Académie de Paris
L. LIARD

BIBLIOGRAPHIE

Annales médico-psychologiques.

Annuaire de législation étrangère.

Aubry et Rau. — *Cours de droit civil français,* 4e édition.

Bertin. — *La Chambre du conseil.*

Ernest Bertrand. — *Loi sur les aliénés. Procès-verbaux de
la Commission chargée d'étudier les modifications
à introduire dans la loi du 30 juin 1838.* (Publications de la Société de législation comparée). Paris,
1872.

Blanche. — *Rapport à l'Académie de médecine sur les projets de réforme relatifs à la législation sur les aliénés,* 1884.

G. de Bouctot. — *Réforme de la loi de 1838 sur les aliénés.* (*Revue générale de droit,* t. V, 1881).

Bourneville. — *Rapport sur le projet de loi voté par le
Sénat.* (Doc. parlem. Ch.), 1889.

Paul Brouardel. — *De la réforme des expertises médico-
légales,* 1884.

G. Brunet de la Grange. — *De la nullité des actes des
aliénés,* th. Poitiers, 1903.

Bulletin de l'Académie de médecine.

Bulletin officiel du ministère de l'Intérieur, 1838.

Bulletin de la Société d'Études législatives (1902-1903-1904-
1905).

Bulletin de la Société de législation comparée.

De Cagny. — *Des asiles d'aliénés,* th. Paris, 1898.

Calmeil. — *De la folie depuis la renaissance des sciences en Europe jusqu'au XIXe siècle.*

Charmetton. — *La vérité sur les aliénés,* Paris, 1875.

Colmet de Santerre et Demante. — *Cours analytique de Code civil,* 2e édition.

Compte rendu du Congrès international de médecine mentale, tenu à Paris en 1878. Imprimerie nationale.

A. Constans. — *La loi des aliénés. (Revue générale d'administration,* 1887, t. II).

Ch. Constant. — *Des aliénés criminels.* Paris, 1897.

J. de Crisenoy. — *La loi concernant les aliénés.* Mémoire adressé à la Commission chargée d'élaborer un nouveau projet de loi. (*Rev. gén. d'admin.,* 1882, t. X).

Dagonet. — *Loi sur les aliénés,* 1865.

Dagron. — *Aliénés et asile d'aliénés.*

Dalloz. — *Répertoire méthodique.* V° *Aliénés, interdiction.*
— *Supplément.* V° *aliénés, interdiction.*

J. Dayras. — *Les aliénés.* Paris, 1883.

Demolombe. — *Cours de Code Napoléon,* 3e édit.

Desmazes. — *Les aliénés, le projet Gambetta et le drame d'Évère,* Paris 1872.

Dictionnaire des sciences médicales. V° *folie.*

Diffre. — *Rapport* sur une brochure du Dr Parant (de Toulouse), intitulée « De la séquestration des aliénés dans leurs familles ». (*Recueil de l'Académie de Législation de Toulouse,* t. XXXIV).

Dubief. — *Rapport* fait au nom de la Commission chargée d'examiner les propositions de loi de MM. Reinach et Lafont, et de M. Georges Berry, relatives au régime des aliénés, 6e législature. Session extraordinaire, séance du 27 novembre 1896. (Doc. parlem. Ch. annexe, n° 2140, p. 1514).
— *Rapport* sur la proposition Dubief, 1re séance du

23 décembre 1898. (Doc. parlem. Ch., annexe, n° 579, p. 2601).

Dubief.— *Rapport* sur la proposition Dubief. Séance du 1er avril 1903. (Doc. parlem. Ch., annexe. n° 871, p. 422).

J.-B. Duvergier. — *Collection complète des lois, décrets et ordonnances...,* depuis 1788, par ordre chronologique.

Esquirol. — *Rapport sur les établissements consacrés aux aliénés en France et sur les moyens de les améliorer,* 1817.

— *Examen du projet de loi sur les aliénés,* 1838.

Faidides. — *Du régime des aliénés,* thèse Paris, 1898.

Falret. — *Aliénés et asiles d'aliénés* (assistance, législation et médecine légale), 1890.

— *Leçons sur les maladies mentales.*

Féré. — *Du traitement des aliénés dans leur famille.* Paris, 1889.

Foville. — *Les aliénés. Étude pratique,* 1870.

— *Rapport sur la législation relative aux aliénés en Angleterre,* 1884.

Fusier. — *De la capacité juridique des aliénés et de leur liberté individuelle,* 1886.

Fuzier-Hermann. — *Répertoire encyclopédique du droit français.*

Paul Garnier. — *La folie à Paris,* 1890.

— *Internement des aliénés,* 1898.

— *De la protection de la fortune des malades dans les établissements d'aliénés : ce qu'elle est, ce qu'elle doit être.* (Annales médico-psychologiques, 8e série, t. XIV, XV et XVI, 1901-1903).

E. Garsonnet. — *D'une lacune énorme à combler dans la législation française.* Paris, 1861.

— *La loi des aliénés. Nécessité d'une réforme.* (Revue contemporaine, n°s des 15 et 31 mars 1869).

P. F. Girard. — *La révision de la loi sur les aliénés*, 1883.

De la Gorce. — *Examen critique de la loi du 30 juin 1838 sur les aliénés. (Revue critique*, tome XXXVIII).

Th. Huc. — *Des aliénés et de leur capacité civile*. Paris, 1869.

Labbé. — *De la démence au point de vue de la responsabilité et de l'imputabilité en matière civile. (Revue critique*, 1870).

E. Lafont. — *Rapport* présenté au nom de la Commission chargée d'examiner la proposition de loi de M. J. Reinach, 1891.

— *Rapport* sur la proposition Reinach et Lafont, 1894.

Lagrésille. — *La séquestration des aliénés dans la législation actuelle et future*. Paris, 1883.

Larnaude. — *Rapport présenté à la Société d'Études législatives sur le régime administratif des aliénés. (Bulletin de la Soc. Ét. Lég.*, 1904 et 1905).

Législation sur les aliénés et les enfants assistés (publication du Ministère de l'Intérieur). Berger-Levrault, 3 vol., 1880-1881-1884.

Legrand du Saulle. — *La folie devant les tribunaux.*

Le Poittevin. — *Rapport à la Société d'études législatives sur les aliénés criminels. (Bull. Soc. Ét. Lég.*, 1905).

Lespinasse. — *Modification à la loi du 30 juin 1838 sur les aliénés. — Réponse à la circulaire du 8 juillet 1869. (Rev. crit.*, tome XXXVII).

J. Liénart. — *De la revision de la législation sur les aliénés*, thèse, Dijon 1904.

Listz. — *Examen médical et administratif de la loi du 30 juin 1838 sur les aliénés*, 1848.

Lunier. — *Des aliénés dangereux au triple point de vue clinique, administratif et médico-légal.*

— *Des placements volontaires dans les asiles d'aliénés*. Paris, 1868.

Lunier, Constans et Dumesnil. — *Rapport au ministre de l'Intérieur sur le service des aliénés en 1874.* Imprimerie Nationale, 1878.

A. Luys. — *Les projets de réforme relatifs à la législation des aliénés.*

— *Du traitement de la folie.* Paris, 1893.

E. Mahé. — *La revision de la loi de 1838 sur les aliénés.* (*Revue philanthropique*, novembre 1904).

H. Maudsley. — *Le crime et la folie.* 7ᵉ édition. Paris, 1901.

Morissin de la Bassetière. — *De la condition juridique des aliénés en droit romain et en droit français,* Paris, 1883.

Mottet. — *Procès-verbaux du Congrès international de médecine légale.* Paris, 1889.

Ch. de Mouy. — *Le régime des aliénés devant le Parlement.* (*Rev. pol. et parlem.*, 1894, t. I).

Pandectes françaises, vᵒ aliénés, 1889.

J.-B. Petit. — *Examen de la loi de 1838.* Paris, 1865.

Phellipon. — *Interprétation de l'article 31 de la loi du 30 juin 1838 sur les aliénés.* (*Rev. gén. d'admin.*, 1886, tome III).

Picard. — *Des aliénés dangereux au point de vue légal et administratif.* Nancy, 1879.

Proust. — *Rapport sur la législation relative aux aliénés criminels.* (*Bull. de la Soc. gén. des prisons,* décembre 1879).

Régis. — *Essai sur la réforme de l'interdiction des aliénés.* (*Rev. prat.*, 1884, t. LVI).

Revue des grands procès contemporains (novembre 1904).

Revue générale d'administration.

Revue générale des Établissements de bienfaisance.

Revue pénitentiaire : Bulletin de la Société générale des prisons.

Revue philanthropique : Bulletin de la Société internatio-

nale pour l'étude des questions d'assistance. (N°ˢ d'avril et de mai 1904).

CH. ROUSSEL. — *Législation des aliénés. (Revue de droit public,* 1902, tome XVII).

TH. ROUSSEL. — *Rapport présenté au nom de la Commission chargée par le Sénat d'examiner le projet de loi portant revision de la loi de 1838 sur les aliénés.* Imprimerie du Sénat, 1884.

— *Notes et documents,* joints à ce rapport, concernant la législation française et les législations étrangères sur les aliénés, 1884.

SACASE. — *La folie dans ses rapports avec la capacité civile (Rev. de législ. et de jurispr.,* tome XXXVIII et XL), 1850-1851.

SALEILLES. — *Rapport à la Société d'Études Législatives sur le régime des biens et la capacité civile des aliénés. (Bull. Soc. Ét. Lég.,* 1904 et 1905).

SARRAUTE. — *De l'administration provisoire des biens des aliénés. (Rev. crit.* Nouvelle série, t. XV, 1885-1886).

— *Examen critique de la loi du 30 juin 1838. (Rev. crit.* Nouvelle série, t. XXIII, 1894).

SEMELAIGNE. — *De la législation sur les aliénés dans les Iles Britanniques.* Paris, 1892.

Statistique générale de la France.

TANON. — *Étude critique de la loi du 30 juin 1838 sur les aliénés. (Rev. pratique de dr. fr.,* tome XXV), 1868·

TARDIEU. — *Étude médico-légale sur la folie,* 1872.

H. THULIÉ. — *La folie et la loi,* 1866.

— *Encyclopédie générale :* article, *Aliénés, législation,* 1869.

TOULOUSE. — *Rapport présenté au nom de la sous-commission chargée d'étudier l'assistance des aliénés en Angleterre et en Écosse.* Conseil général de la Seine, 1898.

Toulouse.— *Le problème social de la folie.* (*Revue Bleue*, du 27 février 1904).

Trélat. — *La folie lucide*, 1861.

Ch. Vallette. — *Attributions du préfet d'après la loi du 30 juin 1838 sur les aliénés.* (*Revue générale d'administration*, 1896, t. II).

TABLE DES MATIÈRES

                                                 Pages.

LA QUESTION 1

Le régime des aliénés avant 1838 13

La loi de 1838 22

PREMIÈRE PARTIE

Garanties légales contre la séquestration arbitraire des personnes prétendues atteintes d'aliénation mentale. 25

CHAPITRE I. — Mesures directement protectrices de la personne 26

Section I. — Réglementation des établissements d'aliénés. — Asiles publics et asiles privés. — Quartiers d'hospices. — Moralité, capacité, responsabilité des personnes à qui les aliénés sont confiés 26

§ 1. — Établissements privés 27

§ 2. — Établissements publics 29

§ 3. — Quartiers d'hospices 30

Section II. — De l'admission dans les établissements d'aliénés. — Des placements.

§ 1. — Placements d'office. — Leurs formes . 31

§ 2. — Placements volontaires 35

A). — De la demande d'admission. 36
B). — Du certificat médical 37
C). — Du passseport 38
Section III. — Formalités postérieures à l'admis-
sion 40
A). — Placement d'office 40
B). — Placement volontaire. 42
a). — Formalités communes aux établis-
sements publics et privés . . . 42
b). — Formalité spéciale aux établis-
sements privés 45
Section IV. — Contrôle de l'autorité sur les asiles. 45
Section V. — Des sorties. 50
A). — Placement volontaire. 50
B). — Placement d'office 55
Appendice. — Sorties d'essai. — Évasions . . . 64
Section VI. — Pénalités 66

Chapitre II. — Mesures indirectement protectrices de la
personne. 69
Section I. — Gestion des biens de l'aliéné . . . 71
§ 1. — Administration provisoire 72
A). — Administration provisoire légale. . 74
B). — Administration provisoire judiciaire. 75
§ 2. — Pouvoirs de l'administration provisoire. 82
§ 3. — Durée de l'administration provisoire. 89
Section II. — Capacité civile te la personne internée. 92
§ 1. — Les travaux préparatoires 92
§ 2. — Le Code civil et la loi de 1838. . . 102
A). — Actes passés pendant l'interdiction
(Incapacité de droit). 103
B). — Actes passés en dehors de l'interdiction (Incapacité de fait) 104

Conditions auxquelles l'incapacité de fait
peut servir de fondement à la nullité. 106
Diverses classes d'incapacités établies par
le droit français :
a).—Actes passés durant l'interdiction. 110
b). — Actes passés antérieurement à
l'interdiction 110
c).— Actes de l'individu qui n'a jamais
été interné. 112
d). — Actes de l'individu non interdit,
mais placé dans un asile 113

DEUXIÈME PARTIE

**Critique des dispositions de la loi de 1838 relati-
ves à la protection de la liberté individuelle.
— Réformes proposées.** 119

Chapitre I. — Insuffisance des mesures prises par la
loi pour protéger le prétendu aliéné contre
les séquestrations arbitraires.— Lacunes de la
loi. — Améliorations et réformes. 128
Section I. — Les Établissements d'aliénés . . . 130
§ 1. — Les Etablissements. 130
A). – Les Établissements privés 131
B). — Les Quartiers d'observation . . . 139
C). — « Maisons d'hydrothérapie » et « Cliniques de maladies nerveuses » . . . 141
§ 2. — Le personnel des établissements . . 144
Appendice.— Les aliénés soignés dans leurs familles 146
Section II. — De l'admission dans les établissements d'aliénés. 163
§ 1. — Critique générale du système de la loi. 166

A). — Placement d'office 173
B). — Placement volontaire 177
§ 2. — Projet de réforme 188
Section III.— Insuffisance des garanties postérieu-
res au placement 193
Section IV. — La surveillance des maisons d'alié-
nés. 197
Section V. — Des sorties. 204
APPENDICE. — Les aliénés dits criminels 213
Section VI. — Pénalités 225
CHAPITRE II. — Critique du système établi par la loi de
1838 quant à l'administration des biens et à la
capacité civile de la personne internée.
Section I. — Administration du patrimoine . . . 227
§ 1. — Critique de la loi 228
§ 2. — Projets de réforme 236
A). — Administration provisoire 237
B). — Administration définitive 245
Section II. — Capacité civile.
§ 1. — Critique de la loi 248
§ 2. — Projets de réforme 256
CONCLUSION 265
BIBLIOGRAPHIE 272

Mayenne, Imprimerie CH. COLIN